悲傷輔導研習手冊

Funeral Grief Counseling

尉遲淦、邱達能、鄧明宇◎著

序　言

　　過去，當我們在談論悲傷輔導時，基本上都以西方的談法作爲範式。但是，悲傷輔導其實是和不同地方的文化背景有密切關聯。如果這個地方的文化背景不是如此，而我們卻用這樣的悲傷輔導方式去輔導，那麼這樣輔導的效果可能就會事倍功半，甚至於輔導失敗。如果我們不希望如此，那麼在輔導時找出相應的範式就很重要。自從民國88年開始在南華大學生死學研究所教授悲傷輔導的學分班以後，原先也是以西方的範式爲主。但是，隨著授課時間愈來愈久，自身對於殯葬的了解愈來愈深，就逐漸懷疑起所謂的西方範式是否就是唯一的範式？

　　經過多年苦思熟慮的結果，發現悲傷輔導的範式不是只有一種，它可以隨著文化背景的不同而有不同的類別。尤其是，中國文化不是只有單一文化，除了禮俗的成分以外，還有不同派別的宗教成分，例如像基督宗教的成分、佛道教的成分。前者認爲悲傷輔導僅止於家屬，死後世界是屬於上帝的權限，人是無法介入的；後者則認爲悲傷輔導不只和生者有關，也可以和亡者有關，只要借助法事來超渡，人是可以介入陰陽的。因此，對於不同的文化背景，當然就不能只以某種範式作爲標準，而要依各別的特質加以重構。

　　基於這樣的反省與思考，我們可從現有的西方範式開始反省起，例如看看這樣的範式對於悲傷到底說了什麼？這樣的論說到底夠還是不夠？有沒有深入的可能？此外，對於緩解悲傷，到底要採用什麼樣的理論比較合適？關於任務論我們如何給予更系統性的建構，並對任務論的內容更加完整地敘述，讓接觸任務論的人知道任務論可以怎麼用。我們還試圖與殯葬結合，過程當中如何結合會比較合適？等等。

以上都是本書嘗試性的作為，期待諸位方家多予指正。

在撰寫本書的過程中，除了本人以外，仁德醫護管理專科學校的邱達能主任、仁德醫護管理專科學校的鄧明宇主任，大家都費盡心力，努力完成這樣的嘗試性工作。對我們而言，雖然這只是一種嘗試性的工作，但對悲傷輔導的在地化、本土化、文化化來說都是很重要的。因為，沒有相應的悲傷輔導範式就沒有相應的生死悲傷安頓。無論對生者或亡者，在現今社會變遷、家庭結構改變的情況下，這樣的安頓是有必要的。

當然，在合序的最後，除了要感謝家人的支持之外，還要感謝仁德醫護管理專科學校生命關懷事業科所有同仁的全力配合，更要感謝闇總編輯其編輯團隊的辛勞，沒有她們的合作，這一本書是不可能出來的。

尉遲淦
邱達能 謹識
鄧明宇

目　錄

3.什麼是悲傷　33

4.人爲什麼會悲傷　49

5.我們對悲傷的態度：悲傷是否是種疾病　65

9. 化解悲傷的方法　137

10. 與殯葬有關的案例分析　157

1.

殯葬服務與悲傷輔導

第一節　前言

　　自從民國91年《殯葬管理條例》公布實施以來，我們對於殯葬服務就有了一個新的印象，認為殯葬服務不只和死後有關，也和生前有關。在生前的部分，增加的是臨終的部分，認為殯葬服務不應該只是服務死後的部分，如果殯葬服務只是服務死後的部分，那麼在滿足亡者對於死亡的需求可能就會力有未逮。如果我們認為亡者死亡需求的滿足是重要的，這樣的滿足才是殯葬服務的重點，那麼就應該在死後服務的部分以外再加上生前的服務，也就是臨終關懷的部分。

　　此外，在死後服務的部分，原先重視的是與亡者有關的遺體處理，以及與生者有關的孝道實踐；但是隨著家庭結構的改變，只有這樣的服務已經不能滿足生者的要求。對生者而言，他們在親人死亡的衝擊下內心充滿了悲傷，如何化解這樣的悲傷，對他們而言，是一件很重要的事情。於是，為了因應這種化解悲傷的需求，我們在殯葬服務上就不能只重視亡者的遺體處理，也不能只重視生者孝道的實踐，而要重視生者在喪事處理之後的悲傷撫慰。受到這種需求的影響，在殯葬服務上悲傷輔導就成為一項新的服務。

　　表面看來，這種新服務項目的增加，對殯葬服務本身來講是一件好事。因為，新的服務項目不僅可以增加服務的機會，也可以增加服務的內容，讓消費者認為這樣的服務可以使他們獲得更好的殯葬服務品質，甚至於進一步幫他們化解死亡所帶來的困擾。問題是，要達成這樣的效果就必須假設一個前提就是，這樣新增加的服務項目確實具有提升服務品質與化解死亡困擾的能力。如果這些新增加的服務項目不具備這種提升服務品質與化解死亡困擾的能力，那麼上述的說法就會變成一種想像，無法獲得具體的落實。所以，一切的關鍵就在於，

這些新增加的服務項目是否如實具有提升服務品質與化解死亡困擾的能力。

　　對於這個問題，我們不能只停留在表象的層次，而要深入到表象層次的背後。因為，表象的層次只告訴我們實際上做了什麼，至於這些作為是否真的具有如實提升服務品質與化解死亡困擾的能力，說真的，這就不在表象層次處理問題的範圍之內。如果我們希望能夠確實了解這些新增加的服務項目是否具有如實提升服務品質與化解死亡困擾的能力，那麼就必須深入到表象層次的背後。唯有如此，我們才有能力對這個問題做一個恰如其分的解答。

第二節　現有殯葬服務的作為

　　由於這次研習的重點放在悲傷輔導上面，所以我們探討的重點就放在悲傷輔導上，看看現有的殯葬服務作為有哪些是屬於悲傷輔導的部分。就現有的悲傷輔導而言，最早是出現在國寶的殯葬服務上面。在民國82年以前，所有的殯葬服務原則上都是一種死後的服務，而這種死後服務的重點都放在亡者遺體的處理上和生者孝道的實踐上。因此，在服務時不是把重點放在亡者遺體處理的殮、殯、葬上，就是把重點放在生者孝道實踐的喪事處理和祭上面。那麼，為什麼過去會把殯葬服務的重點放在這裡？只要我們回歸傳統，就會知道這樣的處理其實是根據傳統禮俗在做處理的。

　　到了民國82年，國寶在引進生前契約的產品之後，為了凸顯該項產品和過去的殯葬服務不同，所以在服務上不僅引進所謂的現代化服務，更增加了臨終諮詢和後續關懷的部分。就後續關懷的部分而言，它所提供的服務內容其實和傳統禮俗中的祭有部分重疊，例如有做百日、做對年和做三年的諮詢、安排與通知。不過，除了上述這些服務

內容之外，它還包括剩餘費用的結清、客戶滿意度調查。從上述服務的內容來看，我們實在很難看出這樣的服務內容為什麼會和悲傷輔導有關？如果勉強要說這些服務的內容確實和悲傷輔導有關，那麼最多也只能把做百日、做對年和做三年納入。雖然如此，我們還是很難看出有關做百日、做對年和做三年的諮詢、安排與通知要如何和悲傷輔導有所關聯？

那麼，在表面上彼此不相干的情況下，為什麼後來又會把這樣的服務內容和悲傷輔導扯上關係？關於這一點，我們就不得不談到《殯葬管理條例》有關禮儀師職掌的訂定。對《殯葬管理條例》而言，這個條例雖然是奠基於民國72年所頒布的《墳墓設置管理條例》，但是為了尋求更大的突破，其實它和先前的《墳墓設置管理條例》已經大有不同。其中，最大的不同就在於它把殯葬服務納入規範的範圍。對它而言，殯葬服務不只和設施有關，更和服務的內容有關。因此，如果我們要提升服務的品質，那麼就必須為殯葬服務建立制度，使殯葬服務從前現代的非專業服務進入現代的專業服務。所以，除了建立禮儀師的證照制度之外，還要規範禮儀師的服務內容。

可是，要如何規範禮儀師的服務內容呢？當時，在思考這個問題時就發現，服務的內容不能只是過去的內容。如果服務的內容只是過去的內容，那麼這種制度的建立就只是新瓶裝舊酒，並沒有太多的新意，也很難產生提升服務品質的效果。如果我們不想這樣，而要真的落實提升服務品質的效果，那麼在服務內容的規範上就不能停留在過去的模式上，需要有更進一步的突破。然而，想要突破談何容易？除非有什麼可以借鏡之處。因此，有關國寶在民國82年引進的生前契約服務內容就成為參考的對象。

問題是，這樣的參考又不能只是原版照搬。因為，如果只是原版照搬，那麼就沒有辦法凸顯《殯葬管理條例》立法的特殊性與專業性。所以，基於立法特殊性與專業性的考量，臨終關懷和悲傷輔導就

成為禮儀師服務的職掌內容。那麼，為什麼會有這樣的轉變出現？在此，由於我們討論的重點放在悲傷輔導上，所以有關臨終關懷的部分只好以後有機會再說。就當時的情況而言，《心理師法》剛好在前一年（民國90年）通過，而《心理師法》關懷的就是心理諮商的問題。在心理諮商的種種問題當中，其中有一個部分就是和悲傷輔導有關的。基於這樣的關聯性，當時《殯葬管理條例》在立法時就想到後續關懷與悲傷輔導的關係，認為悲傷輔導可能更適合於殯葬服務的需要。理由其實很清楚，就是關懷只是關懷，不一定要對關懷的對象有實質的幫助。可是，輔導就不一樣，它對於輔導的對象必須產生實質的效果。所以，在這樣的考量下，殯葬服務的後續關懷到了《殯葬管理條例》的禮儀師職掌中就變成了悲傷輔導。

不過，這樣的轉變並沒有表面看的那麼簡單，好像只要把名稱換一下問題就解決了。實際上，這樣的轉變有它實質的作用。對原先後續關懷的服務內容而言，我們很難從表面上看出它和悲傷輔導的關聯。之所以如此，是因為上述的內容不是和殯葬業者的利益有關，就是和服務品質有關。既然和悲傷輔導沒有直接的關聯，那麼為什麼當時還會想要把後續關懷轉變成悲傷輔導呢？這是因為根據悲傷輔導的研究，在殯葬服務中的宗教儀式部分具有悲傷輔導的效果。基於這樣的關聯性，所以當時在立法上才會想到把後續關懷轉變成悲傷輔導。

 ## 第三節　問題的衝突點

本來，這樣的轉變是一件好事。對消費者而言，受到家庭結構變遷的影響，過去大家庭的互相慰藉功能，隨著小家庭的出現，逐漸消失當中。可是，對消費者而言，因著親人死亡所產生的悲傷，並不會隨著家庭結構的改變而消失。相反地，隨著家庭結構的改變，這樣的

需求日益增加。面對這樣的需求，我們可以從哪裡找到解決之道？如果社會上沒有出現解決的替代方案，那麼對於這樣的悲傷究竟要如何處理？對政府而言，這是一個很傷腦筋的社會問題。

這時，如何尋找參考的做法就變成政府很重要的一個責任。對政府而言，這樣的參考做法必須有一定的依據，不能憑空杜撰。如果只是憑空杜撰，那麼這樣的做法可能很難產生解決問題的效果。對政府而言，一種新的做法的提出必須有它的作用，否則就會遭受社會大眾的詬病。所以，基於解決問題的需求，那麼政府在提出新的做法時一定要有一個可靠的依據。

可是，這樣的新的做法要到哪裡找？對政府而言，要完成這樣的任務並沒有表面看的那麼容易。不過，根據過往的經驗，從西方找會是一個比較可靠的做法。那麼，政府為什麼會這樣想？這是因為西方比我們更早進入現代化社會，而現代化社會的特徵之一就是家庭結構的改變。對西方人而言，他們在遭遇親人死亡時一樣會產生悲傷。過去，他們除了訴諸宗教的安慰外，一樣藉著家人彼此的慰藉來化解悲傷。現在，隨著社會的科學化、家庭結構的小家庭化，面對這樣的悲傷已經無法藉由傳統的方式來化解。對於這種社會變遷所帶來的新問題，他們也只有透過現代社會慣有的專業做法來解決。也就是說，皆由悲傷輔導的做法來化解親人死亡所產生的悲傷。

現在，問題來了。本來，把悲傷輔導納入殯葬服務的範疇是一件很符合現代人解決喪親所帶來悲傷問題的做法。可是，在西方，這樣的納入並不是直接的納入，而是間接的納入。更好的說，與其說是納入，倒不如說是剝奪。因為，在西方的殯葬服務中原先是有悲傷輔導的。可是，隨著心理諮商的專業化，這樣的悲傷輔導就受到了限制，不再隸屬於殯葬服務的範圍。相反地，殯葬服務如果要從事悲傷輔導的工作，那麼它所能做的就只有初步的悲傷輔導作為。至於更進一步的悲傷輔導作為，就只有經過心理諮商專業訓練的人員才有資格從

事。為了清楚起見，我們在下面舉例說明。

例如，過去在殯葬服務時，西方的殯葬指導師所提供的服務不只是遺體防腐的處理，也不只是告別式的安排，還包括悲傷輔導在內。之所以如此，是因為有關喪親的悲傷不是只有在固定的時刻才會出現，而是任何時刻都可能會出現。既然任何時刻都可能會出現，那麼在辦喪事的過程中只要一想到親人的離去，就會有悲傷的情緒出現。對殯葬指導師而言，當他面對這樣的處境時，最好的處置方式就是提供悲傷輔導的做法。這時如果沒有提供這樣的服務，那麼想要讓消費者滿意他的服務，可能就會有點困難。因此，站在服務滿意的立場，當他看到家屬陷入悲傷的情境時，他唯一能夠有作為的就是提供悲傷輔導的服務。

可是，自從悲傷輔導專業化以後，殯葬指導師就不能只是依據自己服務滿意的要求就任意提供悲傷輔導的作為。相反地，這時他就必須考慮專業分工的問題。當他要提供悲傷輔導的服務時，他就必須考慮這樣的提供有沒有違反專業分工的原則，如果沒有，那麼他就提供。如果有，那麼他就不提供。至於怎樣的提供叫做違反專業分工的要求？怎麼樣的提供就不叫做違反專業分工的要求？對於這個問題，提供解答的人並不是殯葬指導師，而是心理諮商師。因為，有資格界定悲傷輔導專業內容的人就是心理諮商師。

那麼，他們是怎麼界定的？對他們而言，個別諮商與團體諮商都是他們專業服務的範圍。至於一般的關懷，如打電話關懷、寄卡片慰問，提供與悲傷輔導有關的書籍與影片，就不在悲傷輔導的專業範圍內。對一般人而言，這些作為是他們常常都會做的。既然是他們一般都會做的，自然就很難把這些作為限制在專業的範圍之內。否則，一般人在提供這些作為時一樣會觸犯專業分工的原則。所以，基於專業作為的特殊性，這樣的作為是允許殯葬指導師去做的。

表面看來，這樣的允許似乎同意殯葬指導師也可以提供悲傷輔

導的作為。但是，實際上，這種提供內容的改變已經讓殯葬指導師所提供的悲傷輔導作為幾乎失去了悲傷輔導的功能。在無形當中，殯葬指導師已經失去協助家屬解決喪親之痛的能力。對一個已經不具有悲傷輔導能力的殯葬指導師，我們要求他協助家屬化解喪親所帶來的悲傷，其實是不可能的。既然如此，殯葬指導師只好把他們能夠提供的服務，從悲傷輔導改成後續關懷，表示這樣的關懷是在殯葬處理完成之後才提供的。

從上述的舉例來看，殯葬指導師在提供悲傷輔導的服務時，嚴格來說，他們提供的不是悲傷輔導的服務，而是後續關懷的服務。可是，到了臺灣以後，由於我們並沒有弄清楚這樣的轉變，遂以為殯葬服務也可以提供悲傷輔導的作為。所以，在《殯葬管理條例》當中對於禮儀師職掌的規定才會把悲傷輔導也當成殯葬服務的一環。話雖如此，但是對於接受西方學術教育的人而言，他們會認為這樣的沒弄清楚是不對的。只要有機會，就應該對於這樣的誤解加以導正。因此，為了導正這樣的誤解，對於殯葬服務把悲傷輔導納入的做法就有了批評的聲音。

面對這樣的批評，有人建議按照西方的專業分工標準加以調整。也就是說，取消悲傷輔導的內容，讓殯葬服務回歸沒有悲傷輔導的狀態。可是，單純的取消對殯葬服務來講是一種損失。因此，有人就建議用後續關懷的內容取代悲傷輔導的內容。經由這樣的取代，一方面表示殯葬服務和過去的服務已然不同，另一方面表示這樣的新增也沒有違反專業分工的原則。從這個角度來看，用後續關懷的內容來取代悲傷輔導的內容似乎是最合適的解決做法。

不過，這樣做的結果雖然解決了專業分工的問題，卻在無形當中讓殯葬服務失去了悲傷輔導的效果。對於殯葬服務而言，這種效果的失去是一種很大的損失。如果我們不想讓這樣的損失成為事實，那麼還有沒有其他的解決做法？如果我們一直依循西方的思考，那麼要避

開這樣的損失幾乎不可能。如果我們不要依循西方的思考，不要把悲傷輔導的內容規定為西方所認為的那樣，那麼要在殯葬服務中納入悲傷輔導的作為是否可能？

對於西方人而言，有關這個問題的答案一定是否定的。可是，對於不同於西方的我們，答案是否也是一樣的呢？對於這個問題的回答，讓我們不得不回到我們自己的殯葬服務當中。對西方人而言，殯葬服務就是一種程序服務，也是一種形式服務。這樣的服務基本上是沒有內容的，它不是為了什麼目的而存在的，純粹只是處理的方便。相反地，我們的殯葬服務就不一樣，它的存在是有目的的。一般而言，這樣的目的就在於孝道的實踐。當我們在處理殯葬的問題時，不只是一種形式的處理，也是一種實質的處理，主要是為了幫家屬盡孝。所以，在實踐時要根據傳統禮俗來提供實質服務，而不能任意提供。

既然如此，這就表示這樣的提供是有固定的內容，有一定的目的要實現。那麼，這種目的的實現可不可以擁有悲傷輔導的效果？如果不可以，那麼我們在規定殯葬服務的內容時自然只能配合西方的要求。如果可以，那麼我們在規定殯葬服務的內容時自然就可以把悲傷輔導納入。只是這時所納入的悲傷輔導不是如西方所說的那種，而是含藏在傳統禮俗當中的悲傷輔導。在此，只要我們能夠證明傳統禮俗的作為確實能夠具有悲傷輔導的效果，那麼我們就可以在西方的專業規定之外另闢蹊徑，建構出專屬於我們自己的悲傷輔導。

第四節　殯葬服務中的悲傷輔導

　　根據上述所言，我們在殯葬服務內容的規定上不一定要採取西方的看法，也可以擁有我們自己的看法。其中，最主要的關鍵點就在於，我們有沒有能力開發出專屬於我們自己的悲傷輔導。如果可以，那就表示在殯葬服務中納入悲傷輔導的內容是可以合法被接受的。如果不可以，那就表示納入這樣的內容是不合法的，最終也只有取消一途。所以，如何找出專屬於我們自己的悲傷輔導是很重要的事情。

　　那麼，要從哪裡找起？正如上述所言，儀式本身就具有悲傷輔導的效果，而傳統禮俗正是儀式的一種，所以它也應該具有悲傷輔導的作用。可是，只有這樣說是不夠的。因為，儀式為什麼會有悲傷輔導的效果，而這種效果是如何達成的？如果沒有進一步的探討，而只是把它當成是一個不須證實的前提，那麼這樣的說詞就很難去說服他人，相信儀式確實具有悲傷輔導的作用。倘若我們不想這樣，而希望能夠說服他人，就必須證實這樣的儀式確實具有悲傷輔導的作用。因此，我們在此的任務就是要證實儀式確實具有悲傷輔導的作用。也就是說，要證實傳統禮俗本身確實具有悲傷輔導的作用。

　　可是，我們要怎麼做才能證實傳統禮俗確實具有悲傷輔導的作用呢？對於這個問題，我們應該如何解答才好？對我們而言，可以分別從三方面來看：第一，就是從傳統禮俗的目的來看；第二，就是從傳統禮俗的儀式安排來看；第三，就是從傳統禮俗對喪禮結束的時間點來看。一旦我們經過了這三方面的說明，那麼對於傳統禮俗為什麼會有悲傷輔導的作用就可以有一個具體的了解。以下，我們先從第一方面開始說明。

　　就第一方面而言，傳統禮俗的目的在於實踐孝道。可是，為什

麼實踐孝道就可以有悲傷輔導的作用？如果我們沒有加以說明，那麼要了解這一點就會變得很困難。對我們而言，這樣的做法是不負責任的。如果我們希望負責任，那麼對於這一點就必須加以說明，讓一般人得以了解為什麼實踐孝道就可以產生悲傷輔導的作用。

為什麼實踐孝道就可以產生悲傷輔導的作用？表面看來，實踐孝道是為人子女盡心的一種作為。對一般人而言，他們在遭遇親人死亡的事件時，最大的遺憾就是對於親人的死亡一點都使不上力，只能眼睜睜看著親人死去。因此，這種無力感常常成為悲傷的來源之一。現今，在親人死亡的處理上，為人子女可以藉著傳統禮俗的協助得以盡心盡力地把親人的死亡處理好，感覺上可以在無能為力的情況下有機會進了一份心力，讓親人的死亡可以得到一個很好的安頓。對家屬而言，這樣的結果表示他們總算有點用處，可以幫得上忙。在這種幫得上忙的感受下，家屬就可以從完全無力的狀態進入一種比較有力的狀態。對我們而言，這種從無力到有力的狀態改變就是一種悲傷輔導的作用。

當然，有關這種悲傷輔導的作用只是一種比較表層的效用。實際上，只要我們願意往更深一層去挖，就會發現實踐孝道只是傳統禮俗的表面目的。如果我們想要知道為什麼實踐孝道就可以產生悲傷輔導的效用，那麼就必須探究背後的原因，也就是比較深層的目的。一旦知道這樣的目的，我們也才能確實了解為什麼傳統禮俗可以對喪親者產生悲傷輔導的作用。所以，深入實踐孝道的背後理由，其實是為了如實了解傳統禮俗為什麼會有悲傷輔導的作用。

在此，我們自然會產生一個疑問，就是實踐孝道為什麼在有關傳統禮俗的悲傷輔導作用的說明上是不夠的，到底要說明到什麼程度才叫夠？對於這個問題的回答，我們要先從不夠的部分談起。那麼，為什麼實踐孝道的說明是不夠的？我們在前面不是說實踐孝道可以讓我們從無力的狀態變成有力的狀態，難道這樣的改變還不足以說明

傳統禮俗的悲傷輔導作用嗎？對我們而言，只有這樣的說明還不夠。因為，這樣的說明雖然可以解決某種程度無力感的問題，但是對悲傷最根本的來源問題還是沒有辦法解決。只要這個問題無法獲得解決，那麼有關喪親所產生的悲傷問題就無法獲得很好的解決，在這種情況下，上述實踐孝道所產生的悲傷輔導作用就顯得虛而不實。因此，如何獲得實質的解決之道，對傳統禮俗而言，就必須深入實踐孝道背後的原因。

對傳統禮俗而言，實踐孝道不只是實踐孝道而已，其實它的背後有更深層的理由。就實踐孝道而言，它表面是為了家屬盡孝的需要，實際上，它要滿足的不只是這樣。對它而言，為什麼家屬要盡孝道？其實，目的不在家屬本身，而在於家屬和亡者的關係。對家屬而言，只有透過傳統禮俗的安排，他們在盡孝道的同時才有機會和亡者產生關聯，使因為死亡所產生的親情斷裂得以恢復。所以，深入孝道實踐背後的理由，才能讓我們看到這個關鍵性的問題。唯有這個問題得到徹底的解決，那麼傳統禮俗的悲傷輔導作用才能獲得最終的保障。

那麼，為什麼恢復因死亡所產生的親情斷裂關係具有這麼關鍵性的地位？這是因為如果沒有死亡所帶來的親情斷裂問題，那麼家屬就不會有悲傷的問題發生。現在，家屬之所以悲傷，是因為他們不想讓這樣的親情出現斷裂的關係。如果我們可以解決這種斷裂的關係，使之不再斷裂，那麼家屬受到這種斷裂關係所導致的悲傷問題自然就可以化解。對我們而言，這就是為什麼我們會強調傳統禮俗的目的不能只停留在實踐孝道的表層意義，而要深入到恢復親情斷裂關係的深層意義才足夠的理由所在。

就第二方面而言，傳統禮俗對於儀式的安排也具有悲傷輔導的作用。對傳統禮俗而言，它對於儀式的安排不是沒有目的的。如果它對於儀式的安排是沒有目的的，那麼它就無法幫助家屬實踐孝道，更不用說恢復親情斷裂的關係。由此可見，傳統禮俗在安排儀式時是有目

的的。不僅如此，在安排儀式時它還有固定的目的，就是藉由孝道的實踐來恢復因著死亡所產生的親情斷裂關係。藉著這種關係的恢復，使得因著死亡所產生的悲傷無法繼續存在。

那麼，它要怎麼安排儀式才能幫助家屬和亡者化解此一因著死亡所產生的親情斷裂關係？對於這個問題，應從感情的再次聯繫著手。對它而言，死亡所產生的感情斷裂只是暫時的，只要我們有心，不想讓這樣的感情斷裂，成為家屬和亡者之間的永恆障礙，那麼這樣的關係就不會斷裂。因此，在有關儀式的安排時它不斷的強調這一點。以下，我們舉一些例子說明。

例如在臨終的時候，傳統禮俗就會安排搬舖的儀式，讓臨終者可以躺於家中正廳的水床上。不僅如此，臨終者即將在死亡前會被安排和家人見最後一面，並交代遺言。在此，這種遺言的交代不是如今日所見那樣只是純粹的離別贈言，而是要讓彼此關係維繫不斷的傳家之言。經由這樣的過程，表示臨終者和家人的關係不會因著死亡的發生而中斷，它可以越過死亡的門檻重新連結彼此的親情。

不過，這種連結的要求在臨終時只是一種宣示。如果要讓這種宣示成為一個事實，那麼就必須透過後續的儀式加以落實。對傳統禮俗而言，這種落實的作為不斷出現在儀式的安排當中。例如在殮的階段就有放手尾錢的儀式，在殯的階段就有點主和封釘的儀式，在葬的階段就有返主的儀式，在祭的階段就有合爐和每日祭拜的儀式。經由這些儀式的提醒與落實，亡者並不會因著死亡的發生而成為與這個家沒有關係的存在，他仍然是這個家的主人，只是這個主人的身分不再是陽間的身分，而是天上祖先的身分。同樣地，家屬也不會因著死亡就和親人天人永隔。相反地，在死亡的考驗下他依舊堅持著和亡者之間的親情關係，表示他不只是在這一世是亡者的孩子，即使是到了未來的永恆國度中，他仍然是亡者的孩子。一旦這樣的關係確立了，有關死亡所帶來的悲傷自然就可以得到化解，也表示傳統禮俗確實具有悲

傷輔導的作用。

　　就第三方面而言，傳統禮俗有關喪禮結束的時間點安排。過去，在沒有悲傷輔導的專業研究之前，我們實在很難了解傳統禮俗對於喪禮結束的時間點安排為什麼是如此，因此，只能從個別經驗的歸納去推估，或是從動物的表現去比擬，無法給一個實證上的證據。但是，自從有了悲傷輔導之後，開始了相關的研究，讓我們知道這種喪禮結束的時間點安排不是任意而為的，而是有相關的經驗基礎。所以，從這一點來看，我們不能不佩服古人的智慧。

　　對傳統禮俗而言，它之所以將喪禮結束的時間點安排在做三年，甚至於是做三年之後的禫，最主要的理由在於這是一般人在喪親時的悲傷反應。如果這樣的反應還沒有結束，而我們就急於結束這樣的喪禮，那麼對於家屬的悲傷問題就很難得到一個好的解決。到時，家屬的悲傷自然就會變成一個棘手的社會問題。如果我們要有一個合適的解決方法，那麼就必須根據家屬悲傷的需求，讓家屬有充分的時間可以度過悲傷。這時，有關悲傷所產生的社會問題自然就可以避免。因此，傳統禮俗之所以具有悲傷輔導的作用，從喪禮結束的時間點安排來看，這樣的安排是有經驗上的實證證據。

　　經過上述的探討，我們知道，傳統禮俗中無論是從目的來看，還是從有關儀式的安排來看，或是有關喪禮結束的時間點安排來看，這些目的與安排都有它們自身應有的悲傷輔導作用。今日，我們之所以不再認為它們具有這樣的作用，最主要是受到西方有關殯葬服務的認知的影響，所以認為這樣的目的與安排只是一種傳統文化與社會的規定，自然只有形式的作用，不能產生實質的作用。對我們而言，我們的責任就是在西方的悲傷輔導之外，重新從傳統禮俗中開發出一種與西方不同的悲傷輔導，使之能夠成為我們現有殯葬服務的執行內容。

第五節 小結

　　對我們而言，整個探討的重心在於殯葬服務到底能不能允許悲傷輔導成為它的服務內容？早期，受限於死亡禁忌與家庭結構的大家族化，悲傷輔導的內容是不能見容於殯葬服務的。可是，到了後來，隨著死亡禁忌的突破與家庭結構的小家庭化，悲傷輔導有機會成為殯葬服務的內容。尤其是，經過《殯葬管理條例》的努力，悲傷輔導正式成為禮儀師服務職掌的內涵之一。

　　不過，這樣的納入不是沒有疑義的。其中，最大的疑義來自悲傷輔導界的質疑。因為，根據西方的經驗，殯葬服務是不可以有悲傷輔導的。如果殯葬服務一定要和悲傷輔導掛勾，那麼就只能從後續關懷著手。也就是說，只能提供電話關懷、卡片安慰，以及提供與悲傷輔導有關的書籍和影片。至於真正和悲傷輔導有關的作為，如個別諮商和團體諮商，都不是殯葬服務應有的內容。

　　面對這樣的質疑，我們可以有兩種不同解決策略：一個是放棄悲傷輔導的內容，轉從後續關懷著手；一個是從不同的殯葬認知尋找新的專屬於殯葬服務的悲傷輔導。經過討論，我們發現第一種解決策略不見得就是正解。因此，我們轉向第二種解決策略，也就是尋找不同於西方的悲傷輔導。最後，我們在傳統禮俗中找到這樣的可能性。

　　那麼，傳統禮俗為什麼可以實現這樣的可能性？是因為這樣的殯葬服務不是一種形式性的服務，而是一種實質性的服務。在實質性的要求下，傳統禮俗不只是一種程序安排，更是一種解決問題方法的安排。所以，在實踐傳統禮俗時它不只是一種形式實踐，更是一種孝道的實質實踐。在這樣的實踐過程中，目的在於恢復因著死亡所帶來的親情斷裂問題。經由這種親情斷裂關係的恢復，傳統禮俗真的可以產

生悲傷輔導的作用，表示我們可以在西方的悲傷輔導認知中獲得另外一種新的悲傷輔導，完全適用於殯葬服務本身。

2.

悲傷輔導是什麼

第一節　前言

　　依據上述的探討，有關殯葬服務與悲傷輔導的關係，我們終於有了一個比較明確的了解。對我們而言，要了解悲傷輔導不能只從西方的角度。如果我們只從西方的角度來看，那麼在悲傷輔導的認知上就會認為它與殯葬服務是完全不同的專業。既然是完全不同的專業，那麼自然就不能把兩者混在一起，認為悲傷輔導完全可以納入殯葬服務中。如果我們堅持要這樣做，那麼這種堅持的結果不僅違反了專業分工的原則，還會讓各個專業的獨立性受到極大的挑戰。對整個專業的分工原則，就會產生極大的破壞效果。所以，站在專業分工的立場上，西方在殯葬服務和悲傷輔導的界線上是分得很清楚了。

　　既然分得很清楚，那麼我們把悲傷輔導納入殯葬服務的企圖是否注定就一定要失敗？對於這個問題的回答，遠比想像中要來得複雜。因為，殯葬服務不是舉世皆同。如果我們對殯葬服務的認知是舉世皆同，那麼這樣的答案只能有一種，就是殯葬服務和悲傷輔導永遠都沒有混在一起的可能。它們彼此之間的關係，最多只能是透過分工的方式來合作，成為服務過程中不同的階段。經由這種不同階段的區隔，它們彼此之間一方面不會違反專業分工的原則，一方面可以產生互補的效用。也就是說，殯葬服務是上一個階段，它的重點放在遺體的處理上；而悲傷輔導是下一個階段，它的重點放在家屬悲傷的緩解上。

　　問題是，這種殯葬服務與悲傷輔導關係的認知是奠基在西方的殯葬認知上。由於西方認為殯葬只是一種形式性的服務，它本身並沒有實質的意涵。因此，當它在服務時，並不用考慮殯葬服務對於亡者與家屬本身到底可以產生什麼樣的人性化的目的。可是，對我們而言，我們的殯葬服務就不一樣。當我們在提供殯葬服務時不只是一種形式

性的服務，更是一種實質性的服務。經由這樣的服務，我們不只要處理亡者的遺體，更要處理亡者與生者的關係。所以，在服務時，我們才會說我們在協助家屬善盡孝道。

因此，在殯葬認知不同的前提下，我們才會想說是否可以在西方的悲傷輔導之外進一步開發專屬於我們自己的悲傷輔導。因為，只有在確實開發出這樣的悲傷輔導，才能說我們在殯葬服務中納入悲傷輔導的內容是合法的。否則，在西方的認知下，這樣的納入是不能接受的。但是，受到這種悲傷輔導是傳統禮俗本身就內在含有的影響，我們就不能再根據西方的認知標準來判斷，而只能回歸我們自身的殯葬服務，承認這樣的悲傷輔導是一種全然不同於西方悲傷輔導的一種新的輔導型態。

依此，為了更清楚上述說法的內涵，我們以下有責任進一步說明悲傷輔導的意義，看西方所謂的悲傷輔導是一種怎麼樣的輔導，而我們自己又是哪一種型態的輔導。只有在清楚這兩種輔導之間的不同，我們才能更清楚認識在此所謂的新型態的悲傷輔導是一種怎麼樣的悲傷輔導。同時，當有人從西方觀點提出質疑時，我們也才能提供有根有據的合理回答。

 ## 第二節　後續關懷與悲傷輔導

首先，有一個觀念我們需要加以澄清，就是後續關懷是否就是悲傷輔導？如果我們對這個觀念沒有加以澄清，那麼很多從事殯葬服務的人都會誤以為後續關懷就是悲傷輔導。其實，這樣的誤以為是一種失之毫釐、差以千里的認知。因為，實際上這兩者是有很大的差別。如果沒有做進一步的鑑別，那麼很容易就會誤以為兩者是相同的。現今，在殯葬服務上之所以用不同的名稱，目的只是為了避開專業分工

原則的規範。

可是，答案真的是這樣子嗎？對西方人而言，名稱的不同實際上反映的是內容上的不同。如果內容上不一樣，那麼這時用不同的名稱來稱呼就可以被合理的接受。但是，如果內容上相同，卻用不同的名稱來稱呼，那麼這時就會為人所詬病，認為是故意帶來認知上的混亂。所以，在學科的稱呼上，一般而言，是不會故意製造這種混亂的。如果上述的認知沒有問題，那麼我們自然會問上述後續關懷與悲傷輔導名稱之間的關係難道只是一種學科名稱混亂的問題？

實際上，就我們所知，後續關懷與悲傷輔導的關係似乎不是這種名稱混亂的問題，而確實是兩種不同的學科。如果不是這樣，那麼西方人是不會做這種不同名稱的使用。因為，在西方的專業分工認知下，如何把分工的範圍界定清楚是很重要的。對他們而言，實在沒有必要用兩個不同的學科名稱來稱呼同一套內容。由此可知，後續關懷與悲傷輔導不可能具有相同的內容。如果內容不一樣，那麼後續的工作就是要把這兩者的不同說清楚，這樣才不會產生專業上認知的混淆。

那麼，這兩者有什麼不同呢？根據上述的探討，我們知道後續關懷的出現是為了避開悲傷輔導所帶來的專業分工問題。依此，我們很自然會產生上述的混淆，認為會不會只是名稱改變了，而內容並沒有改變。可是，根據西方專業分工原則的嚴格性，這樣的混淆是不允許出現的。因此，當殯葬業者在面對這種專業不同的時候，他們所做的不只是把名稱改變了，同時也把內容改變了。這麼一來，原先的悲傷輔導內容就消失了，所剩的只能是和悲傷輔導無關的內容。基於這樣的了解，我們才會說後續關懷和悲傷輔導是兩個不同的學科名稱。

如果後續關懷是後續關懷，悲傷輔導是悲傷輔導，那麼所謂的後續關懷是什麼呢？從名稱的表面意思來看，這樣的關懷顯然是與後面有關的關懷。如果不是和後面有關的關懷，那麼它就不會用後續關懷

這樣的名稱。可是，什麼是和後面有關的關懷？如果沒有進一步的說明，那麼我們是沒有辦法理解的。所以，和後面有關的關懷之中的後面指的是什麼，就必須有進一步的界定。如果沒有界定得很清楚，那麼要對後續關懷中的後續要有很清楚的認知是不可能的。

這麼說來，要怎麼做才能清楚認知後續關懷中的後續？要回答這個問題，就必須回到殯葬服務本身。對西方人而言，殯葬服務是一種處理遺體的服務。在遺體的處理中，重點之一是不要讓遺體的腐敗對社會的公共衛生問題帶來負面的影響。此外，另外一個重點就是家屬悲傷情緒的慰藉。可是，對殯葬服務而言，受到專業分工的影響，家屬悲傷的慰藉不再是殯葬業者可以承擔的任務。因此，在無法承擔卻又曾經承擔過的影響下，他們會想要延續這樣的服務，希望藉著這樣的服務產生更好的服務延續。問題是，根據專業分工的要求，他們又不能以悲傷輔導的名義來服務，最終只好用後續關懷的名義來服務，表示他們的服務不是僅止於遺體處理的範圍，還可以延伸到遺體處理以後。由此可知，後續關懷的後續是在遺體處理之後的後續。

當後續關懷的後續被界定為遺體處理之後，我們就會發現殯葬服務的範圍就不再僅止於遺體處理本身，而可以在遺體處理之後還繼續對家屬提供關懷。那麼，這樣的後續又有什麼作用呢？如果殯葬服務僅止於遺體服務，那麼在喪事辦完之後殯葬業者就沒有機會再與家屬產生關聯。這時，上述接觸的機會就會僅止於殯葬服務本身。可是，對殯葬業者而言，他們所希望的不是這樣，而是能夠在未來更有機會提供下一次的服務。為了創造這樣的服務機會，那麼他們必須讓這樣的服務印象繼續延續下去。所以，後續關懷的後續在這裡就創造了這樣的一個機會，使殯葬業者有機會可以延續他們的服務。

問題是，這種創造未來服務機會的作為受到專業分工的影響，不再能夠以悲傷輔導的名義出現，也不再能夠提供直接與悲傷輔導有關的作為。對他們而言，這樣的損失是他們無法接受的。可是，不接受

又如何？在專業分工的大帽子底下，殯葬業者又沒有足夠高的社會地位與心理諮商界抗衡。因此，只好委曲求全地被迫調整自己，在悲傷輔導的允許下保有一線機會，重新提出後續關懷的做法，一方面讓自己在殯葬服務之後仍有機會和家屬接觸；另一方面讓自己在與家屬接觸時的作為不至於牴觸悲傷輔導的規定。

所以，在殯葬服務之後的後續關懷中，這樣的關懷就不再是過去具有悲傷輔導作用的作為，而變成不再具有悲傷輔導作用的關懷作為。當然，如果我們的說明僅止於此，那麼這樣的說明還是會讓我們的理解停留在一知半解的狀態。如果我們不希望這樣，而希望能夠了解得更清楚透徹，那麼就必須更進一步說明關懷與輔導的差別。一旦我們能夠清楚分辨這兩者，那麼對於後續關懷的意義就可以獲得全貌的認識。

那麼，後續關懷的關懷和悲傷輔導的輔導到底有什麼不同？在此，我們有一個很簡單的分辨標準，就是問題的解決與否。對悲傷輔導而言，這樣的輔導是針對家屬的悲傷問題而發的。如果不是家屬有了悲傷，那麼這樣的輔導就不會有存在的必要。可是，這樣的輔導不只是存在而已，它還希望能夠產生作用，即是對於家屬的悲傷能夠有實質的緩解效用。如果緩解無效，那就表示這樣的輔導是失敗的；如果緩解有效，那就表示這樣的輔導是成功的。但是，無論是成功還是失敗，這樣的輔導其根本作用就在於緩解家屬的悲傷。

可是，後續關懷就不一樣。對殯葬業者而言，他們當然也希望能夠產生緩解家屬悲傷的效用。但是，受限於專業分工的要求，他們不能奢望自己具有這樣的功能。話雖如此，他們還是希望能夠對家屬有所作用，讓家屬意識到他們的存在與關心。所以，這時他們只能以關懷的名義出現，讓家屬清楚意識到他們的存在不只是提供殯葬服務而已，還會關心家屬的悲傷情緒，希望家屬的悲傷問題能夠獲得某種程度的化解。因此，在表達關懷之意的時候，殯葬業者除了打電話關心

之外，還會利用寫卡片慰問家屬，甚至於提供與悲傷輔導有關的書籍和影片。如果家屬的悲傷仍然無法自行緩解，那麼他們就會進一步藉由社工人員的媒介做進一步的安排，使家屬有機會經由心理諮商師的協助緩解他們的悲傷。

 ## 第三節　西方對於悲傷輔導的認知

　　經過上述的探討，我們知道後續關懷和悲傷輔導是不一樣的，對於後續關懷的相關意義也有進一步的了解。可是，只有這樣的了解還不夠。因為，我們在上述所了解的內容是和後續關懷有關的部分，至於和悲傷輔導有關的部分，我們尚未給予必要的說明。如果我們真要完整地了解後續關懷與悲傷輔導的不同，那麼就必須對悲傷輔導的內容做進一步的探討。如此一來，在確實了解悲傷輔導的意義之後，對於後續關懷與悲傷輔導的不同問題，我們才能說有一個完整的認識。

　　那麼，有關悲傷輔導是什麼的問題，我們要怎麼探討呢？一般而言，由於悲傷輔導是來自於西方的學科，所以我們在探討時自然是以西方的認知作為探討的切入點。不過，雖然我們是以西方的認知作為切入點，並不表示這樣的認知就是唯一的認知。實際上，這樣的認知是不是唯一的認知，是需要進一步證明的。過去，受到清末戰敗的影響，我們失去了作為中國人應有的自尊。因此，在學術上也失去了應有的自主性，一切以西方思維馬首是瞻。可是，這樣的學術態度是有問題的。因為，學術不分東西，只講合不合理。只要是合理的，我們都應該尊重，而不應該有東西方誰尊誰卑的分別。以下，我們進一步探討西方對於悲傷輔導的認知，看這樣的認知內容為何？是否是唯一的認知？

　　首先，我們探討西方對於悲傷輔導的認知。就我們所知，這門學

科的出現不是沒有根源的。實際上，這門學科的出現是有其來源的。其中，宗教是一個很重要的來源。在專業分工還沒有那麼完整之前，有關死亡所帶來的喪親之痛，通常都是由宗教師加以輔導的。之所以如此，是因為過去的西方是以基督宗教為主的社會。對一個人而言，一般來講，除非有特殊的情況，否則他從出生到死亡很難和教會脫離關係。當死亡來臨時，有關喪親所產生的傷痛，更是由教會加以處理。基於這樣的認知，我們才會說過去在悲傷輔導專業分工還沒有出現之前，教會是處理喪親之痛的主要來源。

　　等到後來專業分工愈來愈完整，科學對人們日常生活的影響愈來愈強大，這時有關喪親之痛的問題就不再是宗教應當處理的問題。因為，隨著人們對於科學的信任，認為宗教對人們療傷止痛的方法是不科學的，尤其是經由信仰的助力使人們遠離悲傷，這樣的作為是無法在科學上獲得證實。因此，有關悲傷問題的解決日益脫離宗教，逐漸獨立出來成為一門學科，也就是所謂的悲傷輔導。對現代人而言，這樣的脫離是正確的。只有用科學的方法來面對悲傷，這樣的面對才是理性的面對，也才是理性的解決。

　　除此之外，在社會上也遭遇到解決悲傷問題的需求。對現代社會而言，這個社會是一個講究理性的社會，也是一個要求安定的社會。面對種種社會的問題，它會要求社會中每一個成員在處理問題時必須根據理性來處理。因此，它不能像過去那樣使用非理性的方式，如用宗教來處理悲傷的問題，而只能用理性的方式，如悲傷輔導用來處理悲傷的問題。在這樣的社會背景下，面對喪親所產生的傷痛問題，自然就必須開發出一種專門針對這類問題處理的學科，一方面協助家屬緩解傷痛的問題；另一方面協助社會解決因著傷痛可能出現的社會問題。

　　經過對這兩方面來源的了解，我們就可以清楚知道西方社會為什麼會出現悲傷輔導的學科，以及這門學科可能出現的效用？依此，

我們就可以進一步把悲傷輔導界定為對於家屬喪親之痛的緩解作為。本來，經由這樣的定義，我們應該就能清楚認識悲傷輔導的意義與作為。可是，只要我們再深入思考，就會發現這樣的理解還是太過淺薄。因為，這樣的理解只讓我們知道西方的悲傷輔導是怎麼界定的，可以產生什麼樣的效用？至於為什麼要這樣界定，效用為什麼是這樣，說真的，就不太清楚了。如果我們希望能夠了解得深入一點，透徹一點，那麼就必須深入到現象的背後。唯有如此，我們才有機會徹底了解西方對於悲傷輔導這樣界定的用心與真意。

那麼，西方對於悲傷輔導為什麼會這樣界定呢？理由其實很清楚。過去主要是受到宗教的影響，到了現代則是受到科學的影響。不過，無論影響的是什麼，它們都有一個共通點，就是人對死亡是無能為力的。尤其是，面對死後的問題，人更是沒有介入的能力。在宗教為主的年代，死亡是屬於上帝的懲罰，死後更是上帝管轄的範圍。在這種情況下，人能做的事情僅止於生前，也就是活著的時候。到了科學的年代，死亡是一個自然的事實，科學是沒有能力改變的。至於死後的問題，科學認為這是一個偽問題，完全沒有討論的必要。因此，無論是宗教或科學，都認為有關死亡或死後的問題，不是沒有能力處理就是不用處理。

根據這樣的認知，人能處理的就是活著的時候。當人還活著的時候，就不需要擔心死亡的問題。可是，當死亡來臨的時候，人就要擔心死亡的問題。在死亡問題的處理中，一方面要處理的就是人死亡所產生的遺體問題；另外一方面就是家屬的悲傷問題。如果遺體沒有處理好，那麼就會帶來公共衛生的問題，影響人們生活所在的社會。如果家屬有悲傷問題沒有獲得好的解決，那麼這樣的處理不但會為個人帶來困擾，也會為家庭與社會帶來困擾。所以，這兩方面的處理都很重要。

不過，因為我們的重點是放在家屬悲傷問題的處理上，所以對於

遺體處理的部分在此就不多加討論。對於家屬悲傷的部分，爲什麼西方的悲傷輔導會認爲是處理的重點？正如上述，這是因爲亡者已矣，只有生者的問題人才有能力處理。因此，在處理悲傷問題時才會把重點放在家屬身上，而不會放在亡者身上。雖然我們都很清楚會產生悲傷的人不見得就只有喪親的家屬，也可以是即將面對死亡的臨終者，可是在殯葬服務上，辦完喪事後面對的就只有喪親的家屬。由此，西方在悲傷輔導的認知上才會以喪親家屬的悲傷作爲解決的主要對象。

話雖如此，這並不表示這樣的解決就是徹底的解決。實際上，我們常見到的說法主要說的是緩解，而不是解決。那麼，這兩者到底有什麼不同？面對問題，不是應該以解決爲主，爲什麼在這裡卻要說是緩解呢？當然，西方人這樣說是有他們自己的依據。對他們而言，人在處理悲傷的問題時是沒有徹底解決的時候，最多也只是緩解而已。之所以這樣，是因爲死亡是一種決裂，讓生者與亡者的關係完全斷絕。在關係完全斷絕的情況下，只要生者一直堅持這種關係，那麼這種關係的斷絕所帶來的傷痛就永無止息的一天。除非生者對於這種關係抱持無所謂的態度，那麼這種關係的斷絕自然不會爲他帶來所謂的傷痛。因此，在關係斷絕的情況下，我們很難解決家屬對於關係執著所產生的傷痛。

如果這樣的傷痛是難以化解的，那麼我們是要選擇放棄處理它，還是要選擇在某種程度上處理它？對西方人而言，不處理它是不行的。因爲，不處理的結果不只會傷害到個人，也會傷害到家庭與社會。但是，要處理它又不能真正解決。在這種情況下，西方人認爲可以接受的處理程度是什麼？對他們而言，緩解就是一個可以接受的處理程度。那麼，爲什麼是緩解？理由其實很清楚，就是喪親是會產生情緒壓力的。一旦這樣的壓力超過當事人可以負荷的程度，那麼當事人就會處於崩潰的狀態。這時，無論對當事人本身，還是他的家庭或所處的社會，都是一種難以承擔的狀態。所以，只要能夠適切地協助

他宣洩壓力，那麼這種壓力就不會對他產生難以控制的後果，自然也就不會為家庭與社會產生負面的影響。

由此可見，西方對於悲傷輔導之所以有這樣的認知，是有其相關的依據，而不是任意規定的。雖然如此，這並不表示這就是唯一的認知。因為，有關悲傷輔導的對象，我們在上面也提過，其實不只是喪親的家屬在喪事辦完之後會悲傷，就算是臨終者在面對死亡時也一樣會有悲傷情緒，甚至於臨終者在死亡之後也可能會有悲傷。因此，在面對這麼多的對象，如果只以目前對於悲傷輔導對象的一般認知來判斷，那麼就沒有辦法完整地照顧到所有需要悲傷輔導的對象。

不僅如此，有關悲傷問題的處理有沒有解決的可能？其實，也未必像西方所說的那樣只能緩解。實際上，西方人之所以認為只能緩解，這是因為他們已經預設了某些前提。一旦這些前提的真實性遭受質疑，那麼有關緩解的說法自然也可以質疑。也就是說，在異於西方前提的情況下，悲傷問題不見得就沒有解決的可能。其中，最主要的關鍵在於生者與亡者的關係是否真的完全斷絕？他們彼此之間的親情關係是否有繼續維持的可能？如果這樣的關係不是完全斷絕，依舊有維繫的可能，那麼在悲傷問題的處理上自然就不是只有緩解而已，還有徹底解決的可能。所以，對於這些問題的新認知是，西方對於悲傷輔導的認知到底是唯一的，還是可以再找到其他的可能性？

 ## 第四節　在西方之外的中國認知

如果我們想要找到其他有關悲傷輔導的認知可能性，那麼可以到哪裡找？倘若我們一直停留在西方人的文化背景下，那麼這樣的尋找終將不可能。如果我們可以跳脫西方人的文化背景，從異於西方人的其他文化背景來找，那麼或許就會有可能。問題是，要如何做才能找

出這樣的文化背景呢？如果只從當不當令的角度來看，那麼要找到這樣的文化背景就不可能。除非我們跳脫當不當令的思維，而從異不異質的角度來審視，否則要找到這樣的文化背景是不可能的。

既然異不異質是一個判斷的標準，那麼我們就可以從這樣的角度來思考，看有沒有合適的文化背景可以不同於西方人？幸運的是，我們雖然在清朝末年被西方打敗，但這不表示我們的文化就完全等同於西方，也不表示我們的文化就只能臣服於西方之下。相反地，我們雖然被西方打敗，但在文化上我們本來就是異質的文化，有它自身固有的特色，這是西方文化所不能抹滅與取代的。就是這樣的異質特色，使得我們今天才有機會可以對悲傷輔導形成異於西方的另外一種新的認知。

那麼，我們要如何做才能從自身的文化背景形構出另外一種異於西方文化背景的悲傷輔導認知呢？關於這一點，我們可以從上述的探討中找到兩個切入點。其中，第一個就是悲傷輔導的對象問題，第二個就是悲傷輔導的效用問題。為什麼要從這兩個問題切入呢？這是因為這兩個問題最能凸顯中西方對於悲傷輔導認知的不同。根據這樣的不同，我們就可以很清楚地分辨出什麼樣的悲傷輔導是屬於西方的認知，什麼樣的悲傷輔導是屬於中國的認知？以下，我們做進一步的說明。

就第一個問題而言，對西方人來講，悲傷輔導首要關懷的對象就是喪親家屬在殯葬服務之後的悲傷情緒。至於臨終者的悲傷情緒固然也要關懷，但是這樣的關懷卻不是最主要的重點。之所以如此，是因為臨終者即將死亡，一旦死亡出現了，這時臨終者不是處於永遠結束的狀態，就是處於無能為力的狀態。既然如此，對於這樣處境的臨終者，無論我們進行什麼樣的悲傷輔導，其實意義都不是很大。畢竟，這樣輔導的結果都不能有助於臨終者安然進入死亡。

可是，中國人就不一樣。對中國人而言，生前的所做所為是可以

決定他的死後去處。因此，我們唯一要做的事情，就是協助臨終者自省他自己這一生的作爲是否符合傳家的要求？如果是，那麼他就可以安然而逝，不用擔心死後的去處問題。如果不是，那麼他就很難安然而逝。面對死後去處的問題，就算擔心也沒有用。所以，在面對死亡的問題時，我們只要能夠協助臨終者去自省，找出他的存在價值，那麼他就不用擔心死後去處的問題。在不知不覺當中，我們也就完成了悲傷輔導的任務。

除了上述的臨終者，我們在亡者身上也看到了有關悲傷輔導的適用性。對西方人而言，在基督宗教的背景下，人們對於死後的問題是不能介入的。因爲，對他們而言，這是上帝的權限。如果死亡不是上帝對於人違反誓約的懲罰，那麼人是有機會可以介入死亡的。但是，受制於這是上帝對人的懲罰，對有限的人類而言，這樣的懲罰他是沒有能力自行取消的。所以，在這種情況下，人只能乖乖接受而不能有任何的異議。從這一點來看，我們對於亡者的悲傷是無能爲力的。既然無能爲力，那麼要介入自然就不可能。

不過，對中國人而言，他們並沒有這樣的前提。所以，在面對亡者時態度也不一樣。那麼，中國人的前提是什麼？除了上述儒家的看法之外，佛教的看法也是其中的一種。對佛教而言，人的死亡是受到所造的業力決定的，而死後的去處也是業報的結果。如果我們可以在臨終者死亡之前協助他，那麼臨終者不單可以安然而逝，還可以改變臨終者的死後去處。不僅如此，就算臨終者死亡之前沒有機會可以獲得協助，只要臨終者在死亡以後獲得協助，他依然有機會可以改變死後的去處。由此可知，亡者也可以成爲我們悲傷輔導的對象。

就第二個問題而言，正如上述，西方人之所以認爲悲傷輔導的效用只能緩解家屬的悲傷情緒，最主要的理由是引發悲傷情緒的關鍵問題沒有解決的可能。對他們而言，親情的關係只是現世的關係。一旦脫離現世，不是化爲虛無（如科學的說法），就是得到新的改變（如

基督宗教的兄弟姊妹關係）。所以，就算想要維持這樣的關係到死後，事實上也是不可能的。既然不可能，那麼有關親人死亡所引起的悲傷自然就沒有化解的可能。對我們而言，我們最多能夠做的也就是設法紓解相關的悲傷情緒，使之不要氾濫，以至於對個人、家庭與社會造成難以承擔的後果與無法彌補的遺憾。

可是，中國人就不一樣。對我們中國人而言，有關死亡所帶來的喪親之痛不是沒有解決的辦法。在此，這個辦法就是重新恢復斷裂的情感，不要讓死亡斬斷我們與親人的關係。透過傳統禮俗的協助，我們在面對親人死亡所產生的悲傷自然就有化解的可能。因為，它讓因著死亡所產生的情感斷裂關係重新恢復。一旦恢復了這樣的情感關係，那麼受到情感斷裂問題所產生的悲傷情緒自然就有化解的可能。所以，對中國人而言，這樣的關係一旦恢復，那就是問題的解決，而不會只是一種緩解。如果只是緩解，那就表示這種斷裂的情感關係並沒有真正得到恢復，否則結果不可能是這樣。

除了上述傳統禮俗的悲傷輔導效用以外，還有以佛教為代表的悲傷輔導效用。對佛教而言，它所產生的悲傷輔導效用也不是西方式的緩解而已。實際上，它的效用的產生是來自於對臨終者與亡者的協助。當家屬發現透過宗教協助，如助念與做七，可以幫助臨終者或亡者改變他們死亡過程的際遇與死後的去處。這時，家屬的悲傷情緒自然可以獲得某種程度的化解，甚至於在最終情況下獲得完全的化解。此外，在協助臨終者與亡者的過程中，臨終者與亡者因著死亡所產生的悲傷情緒也可以同時獲得某種程度的化解，甚至於在最終情況下獲得完全的化解。由此可見，中西方對於悲傷輔導的效用確實存在著不同的認知。

第五節 小結

　　經過上述的探討，我們對於悲傷輔導的認知問題終於可以獲得一些結論。在此，我們所獲得的第一個結論，就是所謂的悲傷輔導就是對於親人死亡所產生的悲傷問題的輔導。對於這樣的輔導，最初是來自於宗教的作為，但是受到社會變遷的影響，現代人遂把這樣的輔導變成一個專業，從科學的角度加以建構，使之符合現代文化的要求。

　　接著，我們談論所獲得的第二個結論，就是有關悲傷輔導對象的問題。對西方人而言，悲傷輔導的對象就是喪親的家屬。雖然他們也會把臨終者納入輔導的對象，但是這樣的納入其實效果並不太好。因為，這樣的效果會受制於西方文化對於死亡的宗教或科學認知。至於亡者，那麼根本就不納入考慮，主要也是受到西方科學與宗教認知影響的結果。

　　相反地，中國人就不一樣。當然，我們今天在談到悲傷輔導時一樣會受到西方認知的影響，把家屬的悲傷問題看成是一個重點。但是，除了這個重點以外，我們一樣會把臨終者納入，認為這樣的納入是有作用的，可以協助臨終者使之安然而逝。此外，對於亡者的部分，我們一樣認為我們的宗教協助可以幫助亡者，尤其是佛教的看法，認為這樣的幫助不只可以改善亡者的死後際遇，甚至於可以去到比較好的下一世。

　　最後，我們再談所獲得的第三個結論，就是有關悲傷輔導效用的問題。就西方而言，悲傷輔導不是一個徹底解決問題的方法，它只是一種緩解的工具。既然如此，我們在面對家屬的悲傷問題時就不要癡心妄想，想要一勞永逸地幫家屬解決悲傷的問題，而要腳踏實地的一步一腳印，一次又一次的幫家屬緩解悲傷情緒的壓力，讓家屬有機會

在傷痛之餘仍然可以在社會上正常生活。

　　就中國而言，在死亡認知不同的情況下，認為家屬的悲傷問題不僅可以緩解，甚至於還可以解決。關鍵不在於我們用了什麼方法，而在於對問題的認知。只要把握住問題出現的根本，那麼問題自然就有解決的可能。所以，對儒家而言，親情斷裂問題的掌握，讓它不但可以徹底解決家屬悲傷的問題，也可以徹底解決臨終者面對死亡悲傷的問題；同樣地，對佛教而言，如何讓家屬對臨終者和亡者有所助益，這是化解悲傷問題的關鍵。在彼此的互動關係中，當家屬的悲傷得到化解的同時，臨終者與亡者的悲傷問題也一樣獲得化解。

3.

什麼是悲傷

第一節　前言

　　經由上述的探討，我們對於悲傷輔導是什麼的問題有了一個比較清楚明確的答案。表面看來，這樣的答案讓我們了解到西方的殯葬服務為什麼不能提供悲傷輔導而只能提供後續關懷。此外，也讓我們了解到西方所謂的悲傷輔導並不是悲傷輔導的全貌。事實上，在西方的悲傷輔導之外，中國也有一套不同的悲傷輔導。不僅如此，這套悲傷輔導和西方最大的不同在於，這套悲傷輔導不是在殯葬服務之外的悲傷輔導，而是內含於殯葬服務之中的悲傷輔導。也就是說，這套悲傷輔導是表現在傳統禮俗之中或宗教儀式之中。

　　雖然如此，這不表示我們對於悲傷輔導是什麼的問題就已經完全了然於胸。之所以如此，是因為我們所認知的部分主要集中在輔導上面。經過上述的探討，我們清楚知道輔導和關懷是不同的。所謂的關懷只是關心而已，並沒有把注意的焦點放在問題的解決上。相反地，所謂的輔導，就不只是關心而已，還把注意的焦點放在問題的解決上。所以，根據這樣的了解，我們一方面可以清楚分辨輔導與關懷的不同，一方面可以清楚知道輔導的重點在哪裡。

　　可是，對於悲傷輔導的了解不能只停留在這裡。因為，如果只停留在這裡，那麼就算我們對於輔導再了然於胸，也不表示我們對於悲傷輔導的意義就有了完整的認識。我們這麼說的最主要理由是，悲傷輔導不只是和輔導有關，也和悲傷有關。倘若我們對於悲傷完全不了解，那麼對於輔導的問題要怎麼有效地去解決？由此可知，在悲傷輔導上除了對輔導要有清楚的認識外，還要對悲傷有清楚的認識。只有在對悲傷和輔導都有清楚認識的情況下，我們才能說對於悲傷輔導的認識是完整深入的。

　　因此，基於上述的理由，我們才會在這裡進一步探討悲傷是什麼的問題。可是，要怎麼探討這個問題才合宜呢？對於這個問題，一般可有不同的做法，要不然就從現有的了解切入，要不然就是從字源的角度切入。在此，我們採取第二種做法，也就是從字源的角度切入。那麼，這樣做有什麼好處？就我們所知，這樣做的好處在於可以了解這個語詞造字之初的狀態，知道當時為什麼要這樣造的用意。經由這樣的了解，我們對於後來這個語詞的變化就會有一個判斷的依據。當我們在了解後來者對於這個語詞的用法時，就會清楚這樣的使用是符合原先語詞的意思還是說不符合。如果符合，那就表示造字之初的意思還被完整地保留下來。如果不符合，那就表示造字之初的意思被改變了。那麼，對於這樣的改變我們還可以有不同的判斷，是有意改變還是無意改變？如果是有意改變，那就表示使用者對於這個語詞有他另外的解釋。如果是無意的改變，那就表示這可能是使用者誤讀的結果。透過這樣的辨析過程，我們就可以知道要如何來了解這個語詞會比較恰當。以下，我們先探討悲傷的字源意義。

第二節　悲傷的字源意義

　　通常，我們在探討一個語詞的字源意義時，會直接從這個語詞所由來的地方開始探討起。現在，有關悲傷這個語詞的字源意義，我們是否也是從悲傷輔導所由來的出處探討起？如果要從悲傷輔導所由來的出處探討起，那麼這樣的探討就必須從西方的字源開始。因為，對悲傷輔導而言，它不是我們本有的學科，而是來自於西方的學科。因此，在探討時從西方的字源探討起，是一件很自然的事情。

　　不過，事情沒有表面看的那麼簡單。對我們而言，悲傷輔導的確是來自於西方的學科，而不是我們中國固有的學科。但是，受到中西

方對於悲傷輔導了解不同的影響，在悲傷這個語詞字源的理解上也可能出現差異。為了更清楚了解這樣的差異，我們在字源的探討上就不能直接從西方切入，而要從中國切入。等了解了中國對於悲傷這個語詞的字源意義後，再來了解西方對於悲傷這個語詞的字源意義。這麼一來，我們對於悲傷這個語詞的字源意義的了解就會更為完整。

那麼，中國對於悲傷這個語詞的字源意義是怎麼了解的？就我們所知，悲傷這個語詞是由兩個字組合而成的，其中一個是悲字，另一個是傷字。由於悲傷這個語詞最早出現的年代不會早於東漢，所以我們在探討悲傷這個語詞的字源意義時，就不能直接從這個語詞本身來探討，而只能從組合成這個語詞的兩個字，也就是悲和傷這兩個字來探討。因為，這兩個字的出現要比悲傷這個語詞的出現更早，最早大約是出自周朝，而且更重要的是，這兩個字作為一個單獨的字都有它們本身原有的字源意思。所以，我們在探討悲傷這個語詞的字源意義時，就只能從悲和傷這兩個字著手，而不能從悲傷這個語詞本身著手。

首先，在探討悲這個字源之前，我們先探討這個字最早在歷史中出現的年代。就我們所知，悲這個字最早可以溯及周朝。在《詩經》當中的〈豳風〉就曾經有過兩段的記載，如〈豳風・七月〉中所記載的：「女心傷悲，殆及公子同歸」的悲；又如〈豳風・東山〉中所記載的：「我東日歸，我心西悲」的悲。從這樣的記載來看，我們雖然不能斷言悲這個字最早一定只能出現在周朝，但至少可以斷言悲這個字最晚出現的時間不會晚於周朝。

在探討悲這個字出現的年代之後，進一步探討悲這個字的字源。從字源的角度來看，悲這個字不是一個單純的字，而是由兩個字組合而成的。其中的一個字指的是心，另外一個字指的是非。至於這兩者的關係，非字是在心字之上。那麼，這樣的結構安排又代表什麼？從非在心上來看，這樣的結構安排所要傳達的訊息應該就是與心相違的

意思。既然是與心相違，那就表示與心不合。如果與心相合，那麼在字的結構上就不應該是非心。

那麼，這種與心相違的狀態反映的是一種怎麼樣的心境？就我們所知，這種心境傳達出來的訊息就是不願意的意思。只有在不願意的情況下，才會出現與心相違的狀態。如果是願意，那麼就不會出現這種狀態。既然是不願意，那就表示這樣的狀態不是當事人想要的，而是不想要的。可是，在形勢比人強的情況下，不管當事人想不想要都不得不要。因此，這裡才會出現與心相違的狀態。對此，我們可以從上述《詩經》的記載中獲得佐證。例如〈豳風·七月〉的悲就是在不想等候而又不得不等候的狀態下所產生的傷心難過，而〈豳風·東山〉的悲則是不想分離而又不得不分離的情況下所產生的思念。無論是哪一種，這樣的傷心難過和思念都是一種與心相違的狀態。

其次，我們探討傷這個字的字源。正如上述所爲，我們在探討傷這個字源之前先探討傷這個字的出現年代。就我們所知，傷出現的最早年代可以在《詩經》當中見到，例如上述〈豳風·七月〉就可以見到傷這個字的出現。雖然如此，我們也不能就此斷言傷這個字的出現不能早於周朝。實際上，我們所能做的合理判斷就是傷這個字的出現最晚不晚於周朝。至於周朝之前有沒有出現過這個字，受到典籍保存不完整的影響，我們很難下一個確切的判斷。

在探討傷這個字出現的年代之後，我們進一步探討傷這個字的字源意義。就字源的角度來看，傷這個字一樣不是一個單純的字，而是由兩個字組合而成的。其中的一個字指的是人，另外一個字指的是昜。至於這兩者的關係，人字是在昜字的旁邊。那麼，這樣的結構安排又代表什麼？從人在昜的旁邊來看，這樣的結構安排所要傳達的訊息就是人爲矢所傷，也就是創傷的意思。如《左傳·成公二年》所記載的：「郤克傷于矢，流血及屨，未絕鼓聲。」這麼說來，傷字的字源意思指的就是生理的傷害。不過，如果從上述所引《詩經·豳風·七月》

的記載來看，傷也可以指心理的傷害，不只是生理的傷害而已。

綜合上述悲字和傷字的字源意思來看，所謂的悲傷指的就是一種與心相違的傷害。那麼，這樣的傷害不只指的是一種生理層面的傷害，也可以指心理層面的傷害。不過，無論指的是生理層面還是心理層面，基本上都是一種與心相違的傷害。由此可知，所謂的悲傷指的就是一種與心相違的情況下所造成的傷害狀態，而不是指其他的情形。例如在與心相合的情況下，我們就不能說這樣的狀態是一種傷害的狀態。

在了解中國對於悲傷這個語詞所賦予的字源意義以後，我們接著探討西方對於悲傷這個語詞所賦予的字源意義。一般而言，西方人在表達悲傷時會用很多不同的字來表達，例如像sad這樣的語詞。不過，在表達與死亡有關的悲傷時所用的語詞就不再是像sad這樣的語詞，而變成bereavement、grief、mourning這樣的語詞。通過這些語詞，西方人表達了他們因著死亡所產生的悲傷。以下，我們逐一探討這些語詞的字源，看它們傳達了什麼樣有關悲傷的訊息。

首先，我們探討bereavement這個語詞的字源意義。就bereavement這個語詞本身而言，它是個名詞，它的動詞是bereave，而bereave這個語詞是有結構的，就是be加上reave。其中，be指的就是處在什麼狀態之中的意思，而reave指的則是剝奪、喪失的意思。從這兩個字的組合來看，所謂的bereavement指的就是處於被剝奪失去的狀態之中。由此可知，當一個人處於這樣的狀態時不是他主動願意的，而是被動不願意的。

其次，我們探討grief這個語詞的字源意義。就grief這個語詞本身而言，它是個名詞，它的動詞是grieve，而grieve的字根則是grav-，也就是拉丁文中的gravis，意思是重的意思。如果只從表面來看，那麼grieve所表達的就是一種物理的狀態，表示所指的東西很重。不過，這只是表面的意思。如果我們從象徵的角度來看，那麼這裡的重就不

只是指物理的重，也指心理的重，表示內心的沉重。就這一點而言，grief指的就是內心處於沉重的狀態的意思。

　　最後，我們探討mourning這個語詞的字源意義。就mourning這個語詞本身而言，它是個名詞，它的動詞是mourn。在歷史上最早出現這個語詞的地方，是聖經中有關約伯的記載。根據此一記載，我們知道約伯在使用這個語詞的時候是在表達著悔恨的意思。對他而言，mourning這個語詞表達的是對於鱷魚的惹動。如果不是惹動了鱷魚，那麼人就不會死亡。因此，mourning這個語詞就從惹動鱷魚的意思變成使人會悔恨的象徵。

　　綜合上述的探討，我們可以知道西方人對於悲傷的字源看法主要是從不願意發生的角度出發，認為這樣的不願意不是來自於被剝奪的結果，就是來自於無知的結果。例如第一個語詞中所傳達的就是一種被剝奪所造成的不願意，而第三個語詞所傳達的就是一種無知所造成的不願意。無論是第一個語詞或第三個語詞，這種不願意所帶來的就是一種內心沉重的感受，而這種感受也就是第二個語詞所要傳達的意思。總之，這三種語詞都傳達著悲傷的意思。

　　雖然如此，這不表示中國和西方對於悲傷的字源意義都具有相同的認知。從上述的探討來看，中國雖然和西方一樣強調不願意這一面，但是這樣的強調不一定是和死亡有關。相反地，西方對於不願意這一面的強調，主要是和死亡有關。只是在強調不願意這一面的時候，西方強調的重點放在外力的因素或無知的因素上，而中國則強調主體的因素，也就是與心相違的心上。

第三節　悲傷的現代意義

　　經過上述有關悲傷語詞中國與西方字源意義的探討以後，我們發現悲傷語詞中的一個重要組成因素就是，會有悲傷反應出現的人，基本上都不願意讓這樣的悲傷出現。但是這樣的不願意並不能防止死亡的出現。實際上，死亡的出現並不受我們主觀意願的影響。所以，當死亡出現時，我們雖然不願意，卻又不得不接受。那麼，這種對於悲傷組成因素的認知，到了現代是否還是相同的看法？還是說，在經過悲傷輔導專業化的研究之後，這樣的組成因素有了新的改變，需要我們在下面的論述中進一步指明。

　　爲了確認這個問題的答案，我們在此先探討現代的專家學者在經過專業的研究之後，對於悲傷是什麼的問題提出哪一些看法？根據陳芳玲在民國97年出版的《臨終與後續關懷》一書的研究彙整結果，她認爲西方對於悲傷的定義從1980到1999年最常見的有以下幾種，如Bowlby、Parkes & Weiss、Stephenson、Randon、Stroebe、Tagliaferre & Harbaugh、Kastenbaum、Worden、Hughes、Parks、Sanders、Archer等人所給予的定義，共有十二種之多。

　　在這些定義中，我們可以看到一個現象，就是這些定義幾乎都包含了失落的因素在內，彷彿只要沒有這種因素的存在悲傷就不復存在。那麼，他們爲什麼會這麼強調失落的因素？就我們的了解，他們這樣強調自有他們的道理。對他們而言，悲傷之所以會出現，關鍵就在於失落的存在。如果沒有出現失落的現象，那麼悲傷自然也就無從發生起。所以，對悲傷而言，失落是很關鍵的存在因素，它決定了悲傷的出現與否。

　　不過，這樣說的意思並非只要失落，悲傷就一定會出現。實際

上，失落只是悲傷之所以出現的必要條件，而非充分條件。雖然如此，這並不表示悲傷的出現可以沒有失落。因為，一旦沒有了失落，那麼悲傷要出現就不可能。由此可知，我們為什麼會說失落是悲傷的必要條件而非充分條件。其中，最主要的理由就在於要有悲傷就一定要有失落，而有了失落卻不一定會有悲傷。

如果是這樣，那麼就讓我們對於失落不得不有進一步的探討。因為，如果我們只停留在失落的表面，那麼為什麼失落就會造成悲傷，嚴格來說，就不得而知。對我們而言，這樣的不得而知是沒有意義的。除非我們對於這樣的不得而知做進一步的探討，看其中所包含的失落到底有哪一些，會造成悲傷的因素又是什麼，否則要確認失落就是悲傷的必要條件，說真的，就會顯得非常困難。

那麼，對於失落的現象我們要怎麼理解才會和悲傷有關聯？在此，我們先從失落這個語詞的字源意義說起。所謂的失落，也就是英文中的loss，這是名詞，它的動詞是lose，意指失去的意思。那麼，此處的失去又該如何理解？就《牛津辭典》的解說，此處的失去指的是被剝奪的意思。因為，失落的語詞是來自於掠奪的語詞，那麼當然失落的語詞意義自然就會包含掠奪的語詞意義在內。也就是說，失落自然就會有被剝奪的意義。

如果失落表示的意思是被剝奪，那麼這樣的理解自然就和字源意義的bereavement一致。如果是這樣，那麼它和bereavement就沒有差別了。表面看來，答案確實是如此。可是，有一點我們要注意的是，bereavement和loss還是有一點差異。就我們的了解，bereavement強調的是客觀的一面，也就是被剝奪的被動一面，如死亡對人的強行剝奪；而loss就不一樣，它強調的是主觀的一面，也就是被剝奪當中主體感受的一面，如死亡對人剝奪所引起的失落感。

從這個差異來看，我們就可以了解為什麼現代的專家學者在經過專業研究之後會提出這樣的看法，也就是認為失落是悲傷的必要條

件。因為，失落不是單純的失去。如果只是單純的失去，那麼不見得會有失落的感受。對人而言，失去有很多種狀態，其中一種就是單純的失去而沒有感覺，還有一種是失去之後會有感覺。就前一種而言，這樣的失去雖然是一種失去，但不見得會被人意識到而引起不同的感受。就後一種而言，它並不是單純的失去，而是在失去時會引起當事人負面的反應。當這種負面的反應出現時，這時的失去就不只是失去，而是失落。

根據這樣的理解，我們就知道現代的專家學者在對悲傷現象做研究時，一方面沿續著傳統對於悲傷現象的了解，一方面又在了解的基礎上加上他們的發現。對他們而言，悲傷不只是一種被剝奪所產生的現象，更是一種會讓主體產生負面反應的現象。經由這種負面的反應，我們在人的感受上就會發現悲傷現象的存在。所以，在這裡進一步研究主體為什麼會有負面的反應出現，對我們而言，是了解悲傷現象之所以存在很關鍵的一點。

那麼，對於被剝奪的現象為什麼主體會出現負面的反應呢？對於這個問題，根據陳芳玲的研究，我們需要回到失落現象的分析當中。因為，只有透過失落現象的分析，我們才能知道失落現象到底包含什麼樣的內容，這些內容當中有哪些是造成主體出現負面反應的因素？就陳芳玲的研究結果，所謂的失落可以從三方面來看：第一方面，失落指的是「被強行奪走的人事物」；第二方面，失落指的是「對原有的生活或自我造成破壞或改變」；第三方面，失落指的是「失去了被個體知覺為有意義、有價值、熟悉的人事物」。

就上述這三方面來看，第一方面的了解清楚指出失落的發生是來自於有東西被強行奪走，而這些被奪走的東西可以指人，也可以指事，也可以指物。當然，在此所指的如果是事或物，那麼這些事或物雖然會引起主體的負面反應，也就是所謂的悲傷。但是，這樣的悲傷卻不是我們在這裡所要探討的。對我們而言，在這裡所要探討的就是

指人的部分。因為，只有人的死亡所引起的悲傷才是我們所要探討的對象。

就第二方面的了解，我們發現失落指的是「對原有的生活或自我造成破壞或改變」。那麼，為什麼他們會認為失落就是原有生活或自我被破壞或改變的結果？這是因為對一個人而言，如果他原有的生活或自我都沒有改變，那麼他在感受上就不應該出現負面的反應。現在，他之所以會有這樣的負面反應出現，就表示他對於這種原有生活或自我被破壞或改變的情況不願意接受。受到這種不願意接受的影響，他才會出現失落的感受。那麼，為什麼這樣的破壞或改變就會引起當事人失落的感受？對於這個問題的回答，使得我們不得不進入第三方面的了解。

就第三方面的了解而言，所謂的失落就是指「失去了被個體知覺為有意義、有價值、熟悉的人事物」。正如上述所言，在這樣的了解中，我們注意的焦點不是事和物的部分。因為，事和物的失去雖然也會產生失落的感受，但是這樣的感受和人死亡之後所引起的感受截然不同。因此，我們在探討時只把焦點放在人的部分。那麼，人的失去為什麼會引起個體的失落感受？理由其實很清楚，就是這樣的失去不是一般的失去，而是有價值、有意義、熟悉的失去。簡單來說，就是一種重要的失去。對當事人而言，這樣的失去不是他所要的。一旦出現這樣的失去，那麼他的生活就不是原來的生活，他的自我也不再是原來的自我。由此可見，這樣的失去是會改變當事人的生活和自我。

經由上述的探討，我們就很清楚，對現代的專家學者而言，他們在了解失落的現象時，所了解的不只是一般意義的失去，而是會帶來有價值、有意義、熟悉的失去，而且這樣的失去還會對個人帶來生活或自我的改變。經由這樣的改變，所以當事人才會出現悲傷的反應。否則，在一切都沒有改變而且不是不願意的情況下，這樣的悲傷反應是不會出現的。依此，我們就很清楚為什麼現代的專家學者會這麼強

調失落在悲傷反應中的地位。

　　依據這樣的了解，現代不同的專家學者在定義悲傷時才會出現以下的定義。由於這些定義很多，總共有十二個，受到篇幅的影響，我們僅列出其中幾個。至於其他的部分，就請參考上述陳芳玲在《臨終與後續關懷》中的研究彙整。例如Bowlby就把悲傷定義成「對失落感受而產生的心理、社會及身體反應的歷程」，強調相關反應及歷程的重要性；而Worden把悲傷定義成「失落後個人經驗，由情感、生理感覺、認知和行為等四方面所組成的複雜反應」，強調個人化與相關反應的重要性。從上述這些強調來看，原則上都不能在字源意義中直接見到。由此就可以知道，現代的專家學者在經過專業研究之後的確對悲傷的現象有更深入的了解，讓我們在面對悲傷時更加貼切深入。

 ## 第四節　反省與深入

　　雖然如此，這不表示這樣的了解就已經足夠。因為，從上述的說明來看，它雖然讓我們清楚知道悲傷的出現是受到有價值、有意義、熟悉的人失去的影響，但是為什麼這樣的失去就會帶來悲傷，說真的，我們並不清楚。如果我們沒有弄清楚，那麼就算上述的結果出現了，我們還是會存留著某種程度的疑惑。因此，為了消除上述的疑惑，讓這樣的了解得以確定，我們有必要進一步說明為什麼有價值、有意義、熟悉的人失去時就會產生悲傷？

　　首先，我們從熟悉的因素開始反省起。通常，我們對某人的失去之所以會產生悲傷，當然需要有熟悉的條件。如果根本就不熟悉，甚至於完全不認識，那麼對於這樣的失去要出現悲傷就會比較困難。因為，對它的不熟悉，甚至於陌生，比較難引起情感上的同情共感。當這樣的感情無法被誘發時，我們就很難要求當事人產生悲傷的反應。

所以，熟悉是一個很重要的條件。

可是，只有熟悉是不夠的。因為，熟悉可能只表示我們和失去的人常常見面，但是並不一定有密切的關係。如果沒有密切的關係，那麼單靠熟悉是不足以引起悲傷的。如果真要引起悲傷，那麼就必須在熟悉之外再加上關係密切。一旦關係密切了，這時所謂的熟悉就會產生作用，讓與之熟悉的人在失去所熟悉的人時產生悲傷的反應。由此可見，熟悉的因素固然重要，但是關係密切的因素更重要，它使這樣的熟悉不只是一般的熟悉，而是關係密切的熟悉。

其次，我們反省有價值、有意義的因素。對我們而言，有價值、有意義當然很重要。因為，如果失去的人對我們一點價值和意義都沒有，那麼要對這樣的失去產生悲傷的反應，說實在的，應該不太有可能。畢竟，在沒有價值和意義的情況下，他的存在與否本來就和我們沒有關係，也不會引起我們的注意。既然不注意，那麼就很難引起我們的同情共感，自然也就很難讓我們出現悲傷的反應。所以，有價值和有意義是讓我們引起悲傷反應很重要的一個條件。

不過，只有有價值和有意義的因素是不夠的。在這樣的價值和意義的因素以外，我們還要進一步追問這樣的價值和意義是如何引起悲傷反應的？如果只要有價值和有意義就足以引起悲傷的反應，那麼所有有價值和有意義的人的失去都應該會引起悲傷才對。實際上，情況並不見得如此。因為，對有的人，有時在失去這種有價值和有意義的人的時候不見得會悲傷。相反地，在求仁得仁的認定下，他可能一點悲傷的沒有，反而認為這樣的失去是值得高興的。因此，如果我們希望能夠更明確認知悲傷反應的因素，那麼就必須更進一步反省所謂的有價值和有意義到底是哪一種有價值和有意義？

就我們所知，上述對於有價值和有意義的說法是偏重客觀的一面。雖然這一面很重要，但是在悲傷反應上只有這一面還不夠，它還需要有主體的一面。對我們而言，一個東西之所以有價值和有意義，

是因為它對某人來講是重要的。如果不是重要的，那麼這樣的東西就算有意義，對某人而言一樣不會引起所謂的悲傷反應。現在，它之所以能夠引起悲傷的反應，最主要就在於它對某人具有充分的重要性。就是這樣的重要性，使得我們對於失去某人的事件產生了悲傷的反應。由此可見，重要性要比有價值和有意義更貼近於問題的答案。

話雖如此，至此我們還不能給予最後的答案。因為，重要性仍然可以有客觀的理解。對有的人而言，這樣的失去雖然很重要，但是對他們而言，這樣的重要不見得就一定會引起他們的在意。只要他們不在意，那麼這樣的重要性自然就不會引起悲傷的反應。如果要讓這樣的失去足以引起他們的悲傷反應，那麼在意就很重要。畢竟只有在意，我們才會將這樣的失去放在心上。也唯有如此，這樣的在意才會引起我們的同情共感，也才會讓我們出現悲傷的反應。

反省至此，我們發現在意似乎就是最關鍵的部分。如果沒有在意，那麼要讓這樣的失去引起悲傷的反應似乎不可能。只要有在意，而且這樣的在意具有充分的作用，那麼要我們不產生悲傷的反應都很困難。因此，我們進一步要探討的問題就是，要在意到什麼樣的程度才會引起悲傷的反應？如果我們清楚這一點，那麼對於悲傷反應之所以會產生的理由也就了然於胸了。

那麼，此處的在意要在意到什麼樣的程度呢？正如前述，如果完全不在意，那麼要對這樣的失去產生悲傷的反應將不可能。如果在意到根本不在乎自己的生命，那麼這樣的失去所引起的悲傷反應可能就會非常強烈，甚至於強到自殺都無所謂。因此，當我們在判斷悲傷的程度時，就要看當事人在意到什麼樣的程度。如果愈不在意，那麼就愈不會有悲傷的反應。相反地，如果愈在意，那麼就愈會有悲傷的反應。由此可見，有關悲傷反應的程度是會隨著個人在意的程度而出現不同。

經由上述的探討，我們最後可以獲得一個結論，就是上述所謂的

有價值、有意義、熟悉，無非都是構成悲傷反應的要素之一。但是，如果要完整說明悲傷反應的因素，那麼只有上述的因素就顯得有點不太足夠，仍然需要增加其他的因素。現在，經過我們上述的反省，這樣的因素除了需要再增加重要性的因素之外，還要增加在意的因素。因為，這樣的增加不只是增加另一個因素，而是不斷深挖的結果，使悲傷反應回歸主體本身，也就是心的作用。如果不是心的在意，那麼就算失去的人再有價值、有意義、熟悉，甚至於重要，這樣的有價值、有意義、熟悉，甚至於重要，都不見得能夠引起悲傷的反應。可是，心一旦在意了，那麼它對於上述的種種失去就會產生悲傷的反應。

 ## 第五節　小結

在經過上述複雜的討論過程之後，我們對於悲傷的意義可以有了比較明確的結論。對我們而言，最初在有關悲傷的問題上我們直覺地認為悲傷就是悲傷，似乎對它不需要做進一步的探討。可是，在經過上述的討論後，我們發現要了解悲傷並沒有表面看的那麼容易。如果我們真的希望徹底了解悲傷是什麼的問題，那麼就必須從字源的意義開始探討起。

經過上述字源意義的探討，我們發現無論是中國還是西方，有關悲傷的字源意義都和不願意發生而不得不發生有關。只是在中國，這樣的字源意義偏向主體生活的一面，而西方，就比較偏向客觀死亡的一面。但是，無論偏向是哪一面，基本上它們認為悲傷是和不願意有關。

不過，上述的探討只是字源意義的探討。如果我們希望今天經過專業發展之後現代人對於悲傷是怎麼看的，那麼就必須進入現代專家

學者的看法之中。經過探討的結果，我們發現現代人對於悲傷的看法更集中在失落上。對現代人而言，一個人之所以會悲傷，不是他想悲傷就悲傷，而是在某種失落的狀態下才會悲傷。如果不是這種狀態，那麼他是不會悲傷的。那麼，這種狀態是什麼樣的狀態？就陳芳玲的研究，這種狀態就是對於會帶來生活或自我破壞或改變的有價值、有意義、熟悉的人的失去。

　　問題是，這樣的看法看似十分有理，好像也解決了悲傷反應出現的問題。但是，深究起來就會覺得還不夠。因為，這樣的說法也只是強調客觀的一面，對於主體強調得並不是那麼清楚。如果要清楚地把主體的一面凸顯出來，那麼就要由上述的有價值、有意義、熟悉，深入到重要、在意的層面。如果可以深入到這樣的層面，那麼我們就會知道悲傷反應的出現，其實最關鍵的部分就在心的在意與否。只要心在意了，那麼它對上述的失去就會出現悲傷的反應。如果它不在意，那麼無論失去的是什麼，它都不會出現悲傷的反應。

4.

人為什麼會悲傷

第一節　前言

　　經由上述的探討，我們已然清楚什麼是悲傷的問題。在一般人的想法當中，悲傷就是悲傷，沒有什麼好討論的。不過，經由我們的探討，不只發現悲傷在西方人當中的想法，更發現這樣的想法如果要如實，那麼就必須更深入悲傷的構成因素，也就是重要性和在意之中。如果欠缺這兩者，那麼這樣的理解就會偏向客觀而無法回歸主體。但是，對悲傷而言，沒有主體就很難出現悲傷的反應。所以，在悲傷的理解上，對於主體的回歸是很重要的。

　　不過，只有回歸主體仍然不夠。因為，我們還會進一步問：為什麼有了在意就會悲傷？難道人不可以不在意嗎？當然，人是可以不在意的。只是這樣的不在意，是因為不相干。如果不是不相干，那麼在相干的情形下要不在意就很難。這麼說來，人要不在意的確很難。然而，這樣說的意思也不是說人非在意不可。確實，在人生的修行上人是有不在意的可能。對於這一點，我們在下面的探討中會有進一步的討論。在此，我們只要知道人是可以不在意的，不見得就非在意不可。也就是說，人是可以沒有悲傷的，不像一般所說的那樣非悲傷不可。

　　除了這樣的問題以外，我們還會進一步問：如果人會悲傷，而悲傷一般是很難逃脫的，那麼對於這樣的悲傷，我們需要進一步去了解為什麼一定要悲傷，難道不悲傷不行嗎？對於這種悲傷之所以出現的背後理由，如果沒有經由進一步的探討，那麼我們可能是沒有辦法清楚的。為了能夠清楚這樣的答案，在了解了人是不是可以不悲傷的問題之後，我們必須進一步探討，知道人之所以會悲傷是受到人本身什麼因素的影響。

在了解人的悲傷是來自於人本身的某些因素影響的結果之後，我們最後還要探討這些因素的內容。因為，如果只了解人之所以會悲傷是受到人本身某些因素的影響，而沒有明確知道是受到哪一些因素的影響，那麼這樣的了解也是不清楚的。在不清楚了解的情況下，我們就很難說我們對於人為什麼會悲傷的了解是確實的。這時，我們只能說這樣的了解可能只是一種想像，還需要更進一步的答案來解決。如果我們不希望這樣，那麼對於這些相關的因素，我們就必須有很明確的解答，這樣才算是做了一個很實在的交代。

 ## 第二節　人是不是一定要悲傷

現在，我們先探討第一個問題，就是人是否一定要悲傷？對這個問題，我們可以給的答案有好幾個：第一個就是人可以不悲傷，不見得非悲傷不可；第二個就是人之所以會悲傷是有條件的，不是任何情況下都會悲傷；第三個就是人不管在任何情況下都會悲傷，要不悲傷是很難的。那麼，在這三個答案當中到底哪一個才是合理的答案？由於這個問題沒有表面看的那麼單純，我們需要做進一步的分析才能找出合理的答案。

首先，我們探討第一個答案。對我們而言，這個答案所要告訴我們的訊息就是人是可以不悲傷的，不見得非悲傷不可。表面看來，這樣的答案似乎很明確，清楚地告訴我們人沒有悲傷也可以。可是，這樣的答案好像違反了我們的經驗。因為，在我們的經驗中，我們確實可以感受到悲傷的存在。如果有人要違反經驗地告訴我們說悲傷是不存在的，那麼這時我們如果不是認為他已經瘋了，就是認為他這麼說一定有特殊的用意，否則是不會給這樣的答案的。

那麼，他到底是瘋了呢？還是有特殊的用意？對此，我們當然不

會從瘋了的角度來看他的答案。因為，他之所以會這樣說應該是有他的用意，實在不可能沒有任何用意就這麼說。因此，我們通常不會從瘋了的角度來判斷這個答案，而會從他是否有特殊的用意來判斷這個答案。既然如此，那麼我們進一步要問的問題就是，他的特殊用意是什麼？為什麼他會這麼說？

就我們所知，他之所以這麼說的理由是，這樣的說法不是從經驗的第一序來說的，而是從後設的第二序來說的。如果他的說法是經驗第一序的說法，那麼我們就會認為他明顯違反經驗，是很難成立的。既然很難成立，那麼他有必要這麼說嗎？所以，從合理的角度來看，他是不可能提出如此明顯違反經驗事實的說法。如果他不會提出如此明顯違反經驗事實的說法，那麼要讓他的說法合理就只能從第二序的後設角度來理解。

如果真是如此，那麼對於這樣的第二序後設角度要如何理解？在此，我們可以設想一些情況，例如植物人的狀態。對於一個人而言，他如果是處於植物人的狀態，那麼他可能對於這些會引起傷心反應的人的失去就不會有反應。因為，對他而言，由於他失去了意識運作的可能，所以他對於這樣的失去自然就不會有任何的反應出現。否則，只要他有反應，那麼就表示他還是有意識的。當然，在這種情況下，我們是可以加以排除的，只保留沒有意識運作的植物人。

不過，我們認為這應該不是他主要考慮的答案。實際上，他所考慮的答案應該是下面這一種。也就是說，他的答案應該是從修行的角度來說。對一個人而言，他不只是會依循著本能而活，他還可以從本能超越出來，過著一個超越本能的生活。從這個角度來看，他當然有超越本能所帶來的情緒反應的可能。既然如此，那麼對於屬於情緒上的一種的悲傷，他當然也有可能加以超越，而處於不悲傷的狀態。以下，我們舉一個宗教上修行的例子。

當一個修行者他已經悟到禪的境界時，這時他的情緒就會跳脫

在悲歡離合的情境之外。對他而言，死亡的離別就不是一件悲傷的事情。相反地，這樣的離別是一種超越與圓滿。因此，在他面對其他的人而言，他是如平常心的對待。可是，就其他的人而言，他們反而會從世俗的角度加以反應，認為這樣的離別是一種悲傷的事情。由此可知，一個人如果是處於悟道的境界，那麼悲傷是遠離他的。反之，一個人如果沒有處於悟道的境界，那麼悲傷自然就會發生。所以，站在悟道的角度，他的沒有悲傷是可以理解的。因為，他已超越生死的限制。

從這一點來看，如果一個人真的可以處於這樣的境界，那麼他的沒有悲傷就是一件合理的事情。既然他沒有悲傷，那麼我們在做這樣的主張就可以算是有理有據了。對於他的主張，我們只能說吾心嚮往之，卻不能說他是瘋了，或是這樣的境界是做不到的。雖然如此，我們仍然認為這樣的答案是不夠合理的。因為，對一般人而言，他實在的處境就不是這樣。固然我們可以說人人都有悟道的可能，但是現實就不是如此。所以，這樣的解答只能適用在特殊的情況，而不能說這是普遍一般的情況。

如果上述第一個答案是有條件的，那麼第二個答案會不會就不一樣，可以讓我們無條件地相信？從這個答案來看，它很明確地告訴我們，人會不會出現悲傷的反應是要看情況的。如果情況符合，那麼人就會有悲傷的反應出現。如果情況不符合，那麼人就不會出現悲傷的反應。從表面看來，這樣的答案最符合我們一般的見識。人在符合條件的情況下確實會有悲傷的反應出現，人在不符合條件的情況下確實很難出現悲傷的反應。不過，這樣的理解只是一種形式上的理解，並沒有告訴我們進一步的訊息，就是在什麼情況下的情況是什麼？如果欠缺具體的回答，那麼這樣的論述只是一種套套邏輯的論述，其實什麼都沒有說。

倘若認為這樣的回答不能滿足我們的需求，那麼要怎麼回答才

可以？對於這個問題的追問，讓我們回到答案的具體內容，也就是什麼條件的問題。可是，要回答這個問題並沒有表面看的那麼簡單。因為，要回答什麼條件的問題時需要先回答什麼不是條件，這樣的答案才能明確化。否則，只是回答什麼條件的問題可能會讓我們了解得不夠清楚。因此，在這裡我們先探討什麼不是條件的問題。

那麼，什麼不是條件的問題要怎麼回答呢？在此，這就是一個排除法的問題。對我們而言，悲傷是一種在意的反應。如果不在意，那麼悲傷自然就不會出現。可是，只有在意還不夠。因為，悲傷的出現的確需要在意的作用，但是在意對象如果份量不足，那麼這樣的在意也不見得就會引起悲傷。現在，之所以會引起悲傷，就表示這樣的在意不是只有一層的意思，它必須有多層的意思。只是這麼多層意思當中，只有最關鍵的一層會引起這樣的反應。至於其他層的表現，都只不過是為了達到這一層的效果而已。所以，當我們談論不是條件的問題時，我們所談論的就是這一層之外的其他層。

如果是這樣，那麼我們就可以知道所謂的條件就不是這一層以外的其他層，而是最關鍵的這一層。一旦我們的狀態進入這一層，那麼這時想不悲傷都很難。可是，如果我們沒有進到這一層，那麼這時想要悲傷都很難。由此可知，有沒有進入這一層是很關鍵的。可是，我們要怎麼判斷他有沒有進入這一層？對於這個問題，迫使我們思考它所具有的內容。因為，這個內容如果不夠基本，那麼它要產生悲傷的反應根本不可能。但是，只要它夠基本，那麼想不產生悲傷都不可能。因此，基本不基本就變成很關鍵的一點。

可是，我們要怎麼判斷這樣的內容夠不夠基本呢？在此，上述有關失落的探討就可以為我們帶來一個很好的啟發。也就是說，只要我們沿著失落給予的線索，就有機會可以找到答案。那麼，這個線索是什麼？就我們所知，這個線索就是有關生活或自我的破壞或改變。對一個人而言，如果所遭遇的情況還不到這一個地步，那麼他的生活或

自我就不會遭到破壞或改變。一旦有這樣的情況出現，那就表示這樣的遭遇應該是很基本的。因此，從這個線索出發，我們就可以判斷什麼樣的情況是上述所謂的條件。

以下，我們舉例說明。例如父母的去世，對有些人來講，雖然是件大事，但這樣的大事只是從社會的角度來說，並不是從個人的角度來說。因此，在他的思維當中，這樣的失去對他就不是什麼在意的失去，自然也就不會對他個人帶來什麼生活或自我的破壞或改變。從這一點來看，父母的去世對他只是日常生活中的一件事情，並沒有什麼基本不基本的問題。

可是，對有些人就不一樣。對他而言，父母的去世是一件大事，而這樣的大事不只是從社會的角度來說，還是從個人的角度來說。這時，這樣的失去就會為他帶來很大的打擊。對他而言，這樣的失去是一種山崩地裂的感覺，彷彿他的世界從此以後就陷入崩解的狀態。所以，這樣的失去的確會為他帶來生活或自我的破壞或改變。基於這樣的思考，我們就可以說這是一種基本，而不是不基本。由此可知，基不基本是會因人而異的。但是，最關鍵的還是在於這個事件的發生會不會為他本人帶來根本的影響。如果會，那麼這樣的發生就是基本的。如果不會，那麼這樣的發生就不是基本的。

從上述的探討可知，第二個答案要比第一個答案合適。之所以如此，是因為第二個答案告訴我們悲傷出現的條件，而第一個答案卻沒有。那麼，第三個答案又如何，它似乎更能滿足我們常識的見解。的確，在一般人的想法當中，人要不悲傷是不可能的。既然不可能，那麼我們當然就只有從悲傷的角度出發，看人為什麼會出現悲傷的反應。

不過，只是這樣回答也太籠統了。因為，人確實會悲傷，也很難逃離悲傷。可是，這不代表人只能悲傷。如果人只能悲傷，那麼就沒有超越悲傷的可能。這麼一來，有關宗教道德的說法可能就會淪為一

種謊言。可是，就歷史的記載，甚至於現實的生活，我們都可以發現這樣的案例，告訴我們人是可以不悲傷的。因此，在提供第三種答案時，我們就不能無條件地說這樣的答案是最合理的，而要從經驗的第一序和後設的第二序加以分辨，表示人在某些情況下是會悲傷的，而在另外一些情況下是不會悲傷的。

綜合上述探討的結果，我們就可以說，上述的三種答案其實都可以成立。之所以如此，是因為不同的答案有不同的依據。如果我們可以找到相襯的依據，那麼自然就可以說這樣的答案是合理的。如果我們沒有找到相襯的依據，那麼自然就不能說這樣的答案是合理的。不過，無論怎麼說，唯一不能說的，就是這些答案都是無條件的。如果我們這麼說，那就表示所有的答案都是獨斷的，有問題的。對我們而言，這種沒有根據的答案是很難被接受的。

 ## 第三節　人之所以會悲傷的理由

在探討人是否一定要悲傷的問題以後，我們接著要探討的問題就是人之所以會悲傷的理由。正如上述所說，人的悲傷的出現是有一定條件的。如果條件不合，那麼人要悲傷是不可能的。如果條件符合，那麼人想要不悲傷都很難。可是，對於這樣的條件要怎麼界定，我們在上述只是做了一個很簡單的回答，就是要基本。只要能夠滿足基本的要求，那麼人是不得不悲傷的。

現在，我們要對上述的問題做進一步的探討，是否只要滿足基本的要求就可以？從表面來看，滿足基本的要求確實很重要。人一旦滿足了基本的要求，那麼想要不悲傷都很難。可是，這是否就是唯一的答案？其實，如果沒有經過進一步的解答，說真的，我們還是很難給一個肯定的答案。倘若我們希望得到的答案是肯定的，那麼就必須找

到進一步的理由來證實它。

那麼，人有沒有可能在滿足基本的要求之後卻不悲傷？如果我們考慮的是一般情況，那麼答案顯而易見地一定是不可能。因為，對一般人而言，在經歷自己在意的親人的死亡要沒有悲傷的反應，說真的，這根本就做不到。對他們而言，這樣的打擊是重大的，甚至於可能會摧毀他的自我與生命。這時，要他沒有悲傷的反應根本就是癡人說夢。因此，在面對一般的情況時，我們確實可以很肯定地說，只要是人都會有悲傷的反應。

可是，人的可能性有很多種，上述所說的只是其中的一種。如果我們遭遇的是負面的情形，那麼這時他的反應可能就不會是悲傷，而是高興。因為，對他而言，親人的存在本來就是他的眼中釘、肉中刺，唯一的想法就是，必除之而後快。現在，在死亡的助力下，他的親人果然遭遇死亡的惡報，這時他的反應怎麼可能是悲傷而不是高興？當然，根據悲傷輔導的研究，這樣的反應可能是一時的反應。因為，他只看到報復的一面，而沒有看到親密的一面。只要能夠喚醒他們之間親密的一面，那麼他可能就會產生悲傷的反應。

的確，這也是一種可能性。不過，如果他和親人之間的關係根本就是負面的，甚至從出生開始就是這樣，那麼在負面情緒的影響下，要他出現悲傷的反應就會變得很困難。相反地，這時要他出現高興的反應就會變得很容易。因為，對他而言，親人的死亡會讓他如釋重負，從此以後就再也沒有存在的壓力。否則，只要親人存在一天，就會讓他如坐針氈一天，他想快活地生活都不可能。因此，這種人就算滿足了基本的要求，仍然不會有悲傷的反應出現。

當然，上述所說的情況可能只是一種極端的情況，也可能是一種很少會出現的情況。不過，除了這種情況以外，我們還必須考慮其他的情況，例如經過修行之後的反應。對有的人，他在經歷這種生死的衝擊以後，可能在第一時間不見得會免於悲傷的反應。但是，很快

地，他可能就可以免除這種悲傷反應的困擾。對他而言，這樣的悲傷反應是一種錯誤的反應，真正正確的反應就是要超越這種悲傷之上，而存在於一種不喜不悲的境界。

除了這種情況以外，還有一種究竟的狀態。對他而言，他之所以會超越悲傷，不是因為親人的死亡不值得悲傷，而是透徹了解親人的死亡不是像一般所說那樣的永遠分離，而只是一種生命的轉換。如果關係根本就沒有改變，那麼所謂的悲傷從何而來，完全只是一種誤解所生出的反應。因此，只要我們清楚死亡所帶來的分離意義，那麼實在沒有必要在情緒上生出悲傷這樣的反應。如果我們還是會生出這樣的反應，那麼唯一能夠說的就是我們對於死亡的認知是有問題的，並沒有真正參透生死的奧祕。

經過上述的探討，我們就可以清楚知道，所謂的基本並沒有之前認定的那麼清楚。如果想要清楚，那麼就必須經過進一步的釐清，把上述不悲傷的情況排除。這麼一來，對於基本的認知就會變得更明確，讓我們知道所謂的基本不是沒有條件的基本，而是有條件的基本。只有在排除負面、修行、對生死正確認知的情況之外，我們才能說當基本的狀態出現時，人就一定會處於悲傷的反應之中。

 ## 第四節　基本的內涵

如果上述所說不虛，那麼最後我們還有問題需要回答，就是基本的內涵是什麼？什麼樣的內涵才能符合上述對於基本的描述？對此，我們可以從自我和他人這兩面來思考。那麼，我們為什麼會出現這種想法？這是因為在人的世界裡關係只有兩種，不是和自己有關係，就是和他人有關係，除此之外別無他種。如果我們希望在自己和他人之外還能找到其他的關係，那麼這樣的想法其實是緣木求魚，根本就不

可能。

在此，對於這樣的說法當然有人會質疑說，除了上述的兩種關係之外，人不是也可以和上帝產生關係嗎？的確沒錯，只要人相信有上帝，那麼人是可以和上帝有關係的。不過，這樣的關係其實還是難以逃脫他人的範疇。雖然我們也可以談及合一的問題，但在合一之前的關係，上帝仍然在他者的範疇。至於合一之後，我們與上帝之間的分別已經泯滅，這時有的關係就變成自己和自己的關係。所以，從這一點來看，我們還是難逃自己和他人這兩種關係。

既然關係只有兩種，不是自己就是他人，那麼在悲傷的反應上我們會對哪一種關係產生反應？一般而言，主要會產生反應的關係就是他人的關係。雖然自己的關係一樣可以產生悲傷的反應，但是這樣的反應通常都是在人之將死的時候，而不會在一般日常生活上。如果我們希望在一般日常生活上就看到這樣的反應，那麼通常就只能從他人的關係中去尋找，而無法在自己的關係中找到。因此，我們在下面就會從他人關係的探討出發。

那麼，從他人關係的探討出發是要如何出發呢？就我們所知，他人的關係有很多種，有親密的關係，有一般的關係，有陌生的關係。在這裡很清楚的是，如果要出現基本的狀態，那麼這種關係就不可能是陌生的關係或一般的關係。因為，無論是陌生的關係還是一般的關係，這兩種關係都不可能出現同情共感的狀態。當人沒有這種狀態時，要讓他對他所遭遇的對象產生反應是不可能的。如果我們希望他能有所反應，那麼他和遭遇的對象之間至少要有一定程度的親密關係。

這麼說來，要讓我們產生反應的關係至少是一定程度的親密關係。那麼，這樣的關係要多麼親密，才算達到一定程度的要求？對於這一點，我們不能只從表面來看。如果只從表面來看，那麼我們可能就會從社會的角度來看，認為凡是符合社會要求的關係就是親密的關

係，例如父母子女之間的關係。可是，隨著西方觀點的盛行，個人主義成為仿效的重點。這時，父母子女的關係就變得複雜了，有的父母子女只是社會規範下的父母子女，並沒有那一份真實的感情。這時，他們即使遭遇死亡的衝擊，也不會出現上述所說的基本狀態。難怪有時我們會見到父母的死亡有如路人，而寵物的死亡卻如喪考妣的現象。

由此，我們就可以知道父母子女的關係不能只從社會規定的角度來看，而要回到情感本身。當我們回到情感本身，就會發現一個現象，就是無論他們的外在關係是什麼，只要他們有這一份情，那麼當死亡發生的時候，這時他們就會有悲傷的反應。如果欠缺這一份情，那麼就算社會認定的關係有多麼緊密，也無法引發相關的反應。所以，有沒有這一份情，關係著當事人會在他人死亡時是否出現悲傷的反應。

這麼說來，這一份情的存在，是決定我們是否會對他人的死亡引發悲傷反應的關鍵。如果情況真的如此，那麼是否所有的悲傷反應都來自於這一份情？其實，如果我們不加深究，那麼給予的答案可能就是肯定的。但是，這樣做的結果就會讓上述的答案陷入不理性當中。因為，對於這樣的答案我們並沒有給予合理的支持，所給予的只是一種想當然耳的支持。對我們而言，這樣的支持是不夠的。如果真要給予合理的支持，那麼就必須找到相關的理據。

那麼，我們可能找到這樣的理據嗎？的確，根據一般的觀察，我們確實在悲傷反應的時候都會看到這一幕，就是情深意切的存在。可是，情深意切的存在是一回事，是否所有的悲傷反應都是來自於情深意切的存在卻是另外一回事。除非我們可以證明這一點，否則就不能隨便斷言情深意切的存在是回答問題的唯一答案。所以，為了證實這一點，我們必須設法排除其他的情況，例如有關自我關係所引發的悲傷是另外一種因素所造成的。

　　以下，我們的探討就轉向自我關係的部分。對我們而言，要在他人的關係中觀察到悲傷的反應比較容易，但是要在自我的關係中觀察到悲傷的反應似乎就變得有點困難。之所以如此，是因為現在的臨終處境和過去不一樣。過去，人在臨終時都會在家裡，這時，家中的任何成員無論是誰，都有機會接觸到親人的死亡。因此，親人在面對死亡時的種種反應都可以為他們所觀察到。在這種情況下，他們自然可以觀察到親人在死亡時有沒有悲傷反應出現。

　　可是，現在的臨終情形卻大不相同。當我們的親人臨終時，由於臨終的場景可能是在醫院，因此不見得有很多人可以觀察到親人面對死亡的狀態。再加上對於死亡禁忌的態度，有的人就會被排除在親人死亡之外，例如小孩和老人，他們被認為不適合出現在這樣的場所之中，因而也沒有機會觀察到親人死亡時是否會有悲傷反應出現。既然如此，那麼我們要如何判斷親人死亡時他自己是否會有悲傷的反應出現？

　　對於這個問題，我們確實不太容易回答。因為，我們之所以會關心親人死亡時的反應，主要目的在於了解自我關係中的反應。但是，我們自己尚未遭遇死亡，所以自然很難回答這個問題，更不用說判斷這樣的悲傷反應是來自於什麼原因。為了有能力回答這個問題，我們只好從親人死亡時的反應著手。如果我們可以知道他們的反應是什麼，之所以這樣反應的理由，那麼，對於這個問題的回答自然就不會不相應。幸好，我們在過去的傳統禮俗安排中看到了一線曙光。經由這樣的安排，我們就可以知道過去的人在死亡時會在意什麼。只要掌握到他的在意，當他沒有達成這樣的在意時，他自然就會有悲傷的反應出現。

　　那麼，傳統禮俗安排的是什麼？對過去的人而言，他們最在意的就是傳家任務的達成。當他們可以達成這樣的任務時，在死亡來臨時他們就可以死得很心安。這時，他們應當就不會出現悲傷的反應。可

是，如果他們沒有完成傳家的任務，那麼在死亡來臨時他們就會死得很不安。這時，在悔不當初的時間逼迫下他們就會處於悲傷的狀態，認為自己死得很糟糕。從這一點來看，我們對於死亡中的自我關係不能只從情深意切的角度來理解，而要從有沒有圓滿自己的角度來理解。

　　總結上述的探討，我們可以發現人之所以會有悲傷的反應，不只是和他人有關，也和自己有關。當它在和他人有關時，這樣的有關是和情深意切的存在有關。當它在和自己有關時，這樣的有關就不見得是和情深意切的存在有關，而可能是和自我無法圓滿的存在有關。由此可見，悲傷反應之所以會出現，不像一般人所認為的那樣，似乎只和情感的深淺有關。其實，在情感之外，還有另外一個答案，就是自我的圓滿還是不圓滿。

 ## 第五節　小結

　　對我們而言，這一章的探討並不容易。之所以如此，是因為過去的探討並沒有特別注意這個問題，也不認為這個問題需要太多的討論。可是，站在嚴謹要求的角度下，如果這個問題沒有得到一個比較明確的答案，那麼我們就很難說明為什麼人一定要悲傷，不是不悲傷也可以嗎？所以，為了讓這個問題有個明確的答案，我們才嘗試性地做了上述的探討。

　　在這個探討中，我們發現人的悲傷既不是一定要有，也不是一定不能有。無論是有還是沒有，這樣的有和沒有都有一定的條件。只要我們可以把這些條件弄清楚，那麼就會知道在什麼情況下會有，在什麼情況下沒有。如此一來，我們對於問題就不會處於含糊籠統的狀態，而可以有一個比較明確的回答，知道什麼條件下有，什麼條件下

沒有。

在了解了條件的問題之後，我們進一步要追問的是，爲什麼有條件就可以？難道對於這樣的條件就不需要加以限定嗎？對我們而言，經過探討之後，發現條件是要加以限定的，不能沒有任何的限定。因爲，沒有任何限定的結果，就會讓我們很難解釋，爲什麼有的情況就有悲傷反應，有的情況就沒有悲傷反應？就情況而言，從表面來看它們不都是一樣的嗎？由此可知，當人進入基本狀態時不見得反應都是一樣，還要看他是處於哪一種情況？是無感還是超越，或是一般？

最後，我們對於這樣的基本做了內涵的探討。對我們而言，只知基本還不夠，還要知道它的內涵爲何？經過探討，我們發現可以從自我和他人著手。之所以如此，是因爲這兩種關係說明了一切的可能。當我們處在他人的關係中時，所經歷的悲傷就是來自於與他人的情深意切。如果不是情深意切，那麼悲傷的反應也就無從引發。當我們處在自我的關係中時，所經歷的悲傷就不一樣，它可能是和情深意切有關，也可能是和自我的不圓滿有關。因此，當我們在解釋爲什麼會有悲傷反應出現的理由時，就不能只從情深意切的角度來解釋，也要從自我的圓滿不圓滿來解釋。

5.

我們對悲傷的態度：
悲傷是否是種疾病

第一節　前言

　　經過上述的探討，我們對於悲傷是什麼的問題已經有了相當程度的了解。在這樣的了解當中，我們不但知道什麼是悲傷，還知道人為什麼會悲傷。雖然如此，這樣的探討對於悲傷輔導而言，工作只做了一半。因為，悲傷輔導的探討只是悲傷輔導中的一環。除了悲傷的探討之外，我們還需要對輔導的部分也有所探討。如果我們沒有做進一步的探討，那麼有關悲傷輔導的探討就不完整。對我們而言，這樣的不完整就會造成功虧一簣的後果。

　　如果我們不希望這樣，而希望探討可以完整，那麼在探討完悲傷是什麼的問題之後，接著要探討的就是輔導的部分。可是，對於輔導的部分要怎麼探討呢？在此，我們可以從對悲傷的態度著手。之所以從此著手，是因為對於悲傷的態度決定了我們對悲傷輔導的態度。如果我們認為悲傷是沒有問題的，那麼對於悲傷輔導自然就沒有進行的必要。相反地，如果我們認為悲傷是有問題的，那麼對於悲傷輔導自然就要加以進行。因此，對於悲傷的態度決定了我們對於悲傷輔導的需求。

　　那麼，我們要怎麼決定我們對於悲傷的態度？對我們而言，在決定對於悲傷應有何種態度之前，我們必須先行客觀了解悲傷的客觀處境。如果悲傷是正常的，那麼對於這樣的悲傷就不應該做任何輔導的介入。因為，正常的悲傷就會自我療癒，不需要人為外力的介入。可是，如果悲傷不是正常的，那麼對於這樣的悲傷就一定要透過輔導加以介入。因為，當事人沒有能力化解他的悲傷。這時，如果沒有透過輔導的外力介入，那麼他一定會遭受悲傷帶來的傷害，甚至於犧牲生命，如自殺或殺人這樣的後果。所以，有關悲傷輔導的介入是否有必

要，就要看我們對於悲傷本身所存在的價值認定。

依此，我們在這一章的任務，就是釐清我們對於悲傷的態度，是採取正面還是負面的態度？表面看來，這樣的釐清工作似乎很簡單，也很清楚。但是，實際上卻沒有那麼容易。之所以如此，主要是受到時代觀念的影響。當我們還不太了解悲傷時，可能就會把悲傷單純看成是一種負面的存在，等到我們真正了解悲傷之後，就會認為悲傷是正常的。除非有一些特殊的狀況出現，否則輔導的介入就沒有必要。因此，需不需要輔導是因人而異的。對有需要的人來說，輔導的存在確實是一件好事；但是對沒有需要的人來說，這樣的存在也不見得就是壞事，畢竟有備無患總是好的。

第二節　悲傷是負面的存在

底下，我們進一步探討悲傷的存在價值，看它是正面的還是負面的？一般而言，對於這個問題會隨著時代的不同而有不同的答案。過去，人們在不了解的情況下，對悲傷的存在總是比較容易從負面的角度加以思考。到了現代，受到了解愈來愈深入的影響，人們對於悲傷的存在就比較容易從正面的角度加以思考。所以，在評價悲傷的時候，不只是受到時代不同的影響，更重要的是，受到認知不同的影響。當我們對悲傷認識得愈清楚，就愈會從正面的角度加以評價。相反地，在對悲傷認識不多的時代，就愈會從負面的角度評價悲傷。

從早期人類的反應來看，他們對悲傷是採取負面的看法。之所以如此，是因為他們認為悲傷不是一個正常的現象。如果悲傷是一個正常的現象，那麼它就應該出現在任何的情況下。可是，在他們的經驗當中，他們發現悲傷不是在任何情況下都可以感受得到。相反地，它的出現是在特殊的情況下。因此，要他們把悲傷看成是一個正常的現

象，基本上是不可能的。

如果悲傷不是一個正常的現象，那麼它會出現在哪裡？對他們而言，通常會感受到悲傷的地方就是在同伴死亡的地方。當同伴死亡時，他們的內心除了恐懼之外，還會有悲傷的情緒出現。悲傷這種出現的場所，使得悲傷蒙上一層死亡的陰影。在不了解的情況下，他們就會把悲傷看成是死亡作用的結果，誤以為死亡就是悲傷的主要成因，而不知道死亡是在悲傷之外，和悲傷是不相等的。如此一來，悲傷就被看成是死亡的一環，使他們不得不從死亡的角度來理解它。

那麼，他們是怎麼理解死亡的？對他們而言，他們不認為死亡是一種自然的現象。相反地，他們認為死亡的出現是一種外力介入的結果。如果不是外力介入的結果，那麼一個正常的人應該就只能活著，而不會進入死亡的境地。既然他會進入死亡的境地，這就表示是一種他們所不知道的外力介入的結果。對於這種外力的介入，他們也不知道應該如何理解，只好把這樣的外力介入看成是一種冒犯自然的後果。也就是說，被自然懲罰的結果。

同樣地，當他們在理解悲傷的現象時，也很難脫離這樣的理解方式。對他們而言，悲傷是在同伴死亡之後所出現的一種現象。因此，如果我們把死亡看成是對於人們一種自然的懲罰，那麼理所當然地我們也應該把悲傷看成是對於人們一種自然的懲罰。如果我們不這麼理解，那麼對於悲傷為什麼會出現在同伴死亡之後的現象，就很難做出一個合理的解釋。所以，為了合理解釋悲傷為什麼會出現在同伴死亡之後，他們只能從自然懲罰的角度來思考。

可是，這樣的思考方式是否只出現在原始人當中？到了古代，這樣的思考方式是否就有了改變？其實，情況並不如想像那樣。實際上，從某一方面來講，這樣的思考要細緻深入得多。但是，基本上他們並沒有跳脫懲罰的範疇。對他們而言，他們仍然不認為悲傷是一個正常的現象。在不正常的情況下，它的出現是受到親人死亡影響的結

果，而這樣的死亡又是受到上帝懲罰的結果。因此，當他們在思考悲傷的現象時，自然就會把懲罰看成是悲傷應有的內涵。

由此可見，只有時代的改變還不夠。因為，時代雖然改變了，但是引導時代的觀念並沒有改變。在觀念沒變的情況下，對於悲傷的理解也就很難改變。其中就算對於懲罰的觀念由自然變成上帝，這樣的懲罰觀念依舊主導著人們對於悲傷的理解。因此，如果要我們對悲傷現象提出另外一種解釋，不再從懲罰的角度來理解，那麼就必須徹底改變我們背後的觀念。如果我們沒有辦法改變背後的觀念，那麼對於悲傷的理解要有新的改變根本就不可能。

那麼，這樣的改變要在什麼樣的情況下才會發生？就我們所知，這樣的改變是來自於科學對宗教的取代。在宗教的時代，我們對於悲傷的解釋主要是受到上帝信仰的影響。到了科學的時代，我們對於悲傷的解釋就從人以外的角度回到人本身。當我們回到人本身以後，對於悲傷的解釋就不再訴諸於上帝的信仰，而轉向人的內在。因此，悲傷就不再是上帝懲罰的結果，而是人的內在發生一種變化的結果。對於這樣的變化，有的人將之稱為疾病。

可是，悲傷就是悲傷，為什麼要將之看成是一種疾病呢？對有的人而言，悲傷雖然是悲傷，但悲傷仍然不是一種正常的情況，而是不正常的情況。對於不正常的情況，我們當然不能把它看成是健康的，而只能從疾病的角度觀之。如果悲傷是一種正常的情況，那麼我們當然就不能把它看成是一種疾病，而只能把它看成是健康的狀態。由此可見，悲傷之所以被視為一種疾病的最大理由在於它不是一種正常的情況。

從這個角度來看，悲傷自然只能是一種疾病。正如我們生病的時候，這時我們的身體就會出現一切疾病的徵兆。當我們的身體開始復原時，這時這些徵兆就會逐漸消失，在一切徵兆都消失的情況下，就可以說我們的身體已經恢復了健康。同樣地，悲傷的出現就表示我

們的生命已經進入生病的狀態。當悲傷逐漸消失的時候，就表示我們的生命已經從生病的狀態當中逐漸恢復過來。否則，悲傷是不會消失的。一旦悲傷完全消失，那麼我們的生命就可以恢復正常，進入健康的狀態。

這麼說來，人的悲傷出現的頻率就像生病那樣，只要是有人死亡，而死亡的人和我們有緊密的關係，那麼我們就會進入悲傷的狀態。相反地，只要沒有人死亡，那麼我們的生命自然就不會陷入悲傷的狀態。之所以如此，是因為悲傷的出現正如疾病的出現，都是受到外在因素影響的結果。當外在的因素影響我們的生命時，我們的生命就不會處於健康的狀態，而只能處於生病的狀態。所以，就算這一次痊癒了，到了下一次發生類似的事件時，一樣會處於生病的狀態之中。從這一點來看，人的悲傷是隨著環境而產生的，至死方休。

第三節　對上述觀點的反省

上述無論是懲罰的看法，還是疾病的看法，都是把悲傷看成是一種不正常的情況。那麼，現在的問題是，悲傷真的是一種不正常的情況嗎？難道人就不能悲傷嗎？當生活當中出現悲傷的時候，我們就只能把它看成是不正常，而不能把它看成是正常的嗎？對於這樣的問題，如果沒有借助於科學的幫忙，而只是一直利用意識型態來解釋，那麼再怎麼解釋，所獲得的答案都不可能有太大的改變。因為，在這樣的解釋中基本上都只是一種猜測。如果我們不想再猜測，而希望能夠深入悲傷本身，那麼就必須回到悲傷的現象，從現象當中尋找答案。

那麼，我們要怎麼做才能回到悲傷的現象本身？首先，我們不要再從不正常的角度來理解悲傷。過去，之所以從不正常的角度來理解

悲傷，是因為受到某種經驗的影響。對他們而言，這種經驗就是他們判斷事物的依據。凡是符合這種經驗的事物就稱之為正常，凡是不符合這種經驗的事物就叫做不正常。可是，為什麼符合這種經驗的事物就叫做正常，不符合這種經驗的事物就叫做不正常？關於這一點，他們從來沒有反省過。對他們而言，這樣的判斷標準是不證自明的，全然沒有懷疑的必要。

可是，對我們而言，站在科學要求證據的立場上，我們就沒有必要接受這樣的前提，彷彿這樣的前提可以不需要任何證據就成立。既然沒有什麼前提是不可質疑的，要能夠不被質疑，就必須提出相關的證據，用證據來化解質疑，而不是用不證自明來逃避質疑。如此一來，這時所提出的前提當然就會具有理性的說服力，而不用擔心是否是一種意識型態？在此，我們就是根據這樣的標準來省思上述的判斷標準。

那麼，上述的判斷標準是什麼？就我們的理解，上述的判斷標準是來自於他們的日常經驗。對他們而言，日常生活當中所呈現出來的一切就是判斷的標準，而日常生活所呈現出來的就是正面的現象。在這裡，不會有負面的現象出現。如果有負面的現象出現，那麼一定是在某一些特殊的情況。倘若不是如此，那麼出現這些負面現象是不可能的。所以，在他們的想法當中，只有正面的現象是正常的，而不是正面現象的存在就是不正常的。

同樣地，在對悲傷做判斷時，他們就做了不正常的判斷。對他們而言，人的正常生活當中是沒有悲傷的。如果有悲傷，那麼這樣的悲傷就要常常存在，否則就不可能是正常的存在。可是，在他們的經驗當中，悲傷不是常常存在的，而是只有在一些特殊的情況下才會存在的。既然如此，這就表示悲傷是一種不正常的存在。如果不是這樣，那麼它就應該常常存在，而不應該只有在特殊的情況下存在，而不是常常存在。

　　根據這樣的說法，這就表示一樣東西的存在，它出現的頻率會決定它的正常或不正常。如果它的頻率夠高，也就是說它常常出現，那麼這樣的存在就是正常的。如果它的頻率不夠高，也就是說它沒有常常出現，那麼這樣的存在就是不正常的。可是，我們在判斷事物的正常與否的時候，這樣的判斷是合理的嗎？難道一件事物的正常不正常只能從出現的頻率來判斷，而不能從其他的角度加以判斷？對於這個問題，如果沒有做進一步的探討，說真的，很難給予一個合理的解答。

　　的確，在我們的經驗當中，事物出現的頻率常常會成為我們判斷的標準。不過，事物之所以會這樣出現只是頻率所造成的，還是另有其他的原因，其實是需要進一步加以分辨的，而不能只是做單純的認定。因此，當我們判斷時就必須提供更多的證據，確實證明頻率就是我們判斷的標準。如果我們做不到這一點，那就表示頻率較高的存在可能只是一個事實，而不是一個原因。如果是原因，那麼它就應該能夠解釋事物為什麼會這樣出現。以下，我們舉例說明。

　　例如太陽每天早上都出現，這時自然會形成一種看法，就是每天早上出現太陽是一件正常的事情。可是，有一天早上我們沒有看到太陽，我們就會認為太陽沒有出現是一件不正常的事情。如果太陽沒有出現的這一天，碰巧又發生了一些奇特的事情，這時我們就會把這些奇特的事情和太陽沒有出現連結起來，認為太陽之所以沒有出現就是受到這些奇特事情影響的結果，而不知道太陽之所以沒有出現是受到天候影響的結果，和這些奇特的事情其實一點關係都沒有。但是，由於不了解，所以就會出現這樣錯誤的連結。這麼一來，太陽沒有出現就是不正常的想法就獲得了證實。

　　可是，為什麼太陽每天都出現就是正常的，而有時沒有出現就是不正常的？對於這個問題，過去的人並沒有做進一步的探究，只是想當然耳地把太陽出現的頻率當成是一個證據，認為依此我們就可以判

斷一件事情的正常或不正常，而沒有想到這樣的判斷不只是做了一個事實的判斷，而且是價值的判斷。既然是價值的判斷，那麼就不能只把頻率當成是證據，還需要更進一步的證據來證實，這樣的出現或不出現是正常的還是不正常的。

　　如果我們找不出證據，那麼我們最多只能做事實的敘述，而不能做價值的判斷。因為，頻率只是一個事實的反映，和價值並沒有任何的關聯。今天，就算一件事情出現的頻率再高，我們都不能把它當成是一個價值判斷的標準，認為這樣的出現叫做正常，而把出現之外的不出現就叫做不正常。如果我們這樣做了，那麼對於這樣做的結果就只能說做了一個判斷誤置的作為，誤把事實當成價值來看。

　　同樣地，我們對於悲傷的判斷也是一樣。雖然在日常生活當中，一般而言，我們過的日子是不會有悲傷的，但是對於沒有悲傷我們不能單純地認為這樣就是正常的。實際上，沒有悲傷不代表本來就沒有悲傷，而是與悲傷有關的死亡還沒有出現。一旦死亡出現了，悲傷也會隨之出現。由此可知，悲傷的出現也是正常生活中的一環，正如沒有悲傷的日子那樣，都是受到相關因素影響的結果，和正不正常的價值判斷沒有關係，它們都只是一種事實的呈現。

　　其次，對於悲傷的存在我們不要再從負面的角度來看，而要從正面的角度來看。過去，之所以多從負面角度來看，一方面固然是受到正常不正常的價值判斷的影響，另外一方面則是受到過去人們主觀願望影響的結果。就第一方面而言，過去的人之所以把悲傷看成是負面的存在，是受到把悲傷看成是不正常存在的影響。在不正常的情況下，要他們把悲傷看成是正面的存在根本就不可能。所以，對我們而言，破除把悲傷看成是不正常的存在的觀念是很重要的。

　　把悲傷看成是不正常的存在的觀念破除之後，我們還要破除人的主觀願望。就是受到這種主觀願望的影響，我們才會把悲傷看成是負面的存在。對過去的人而言，在日常生活當中能夠順順利利過一生是

很重要的。如果生活當中出現了不如人意的情況，我們就會認為這樣的不如人意是不好的。如果可以，那麼人們都希望能夠順順利利過完一生，完全不要遭遇到一丁半點的不如意。基於這樣的想法，人們自然會認為悲傷的存在是一種不如人意的表現。既然不如人意，那麼這樣的存在最好是不要存在。如果要存在，我們也只能盡量避開，設法不要讓它發生。

因此，在上述思維的主導下，過去的人要不把悲傷看成是負面的存在也很難。不過，隨著理性的發達，人們對於悲傷的認識愈來愈深入，發現悲傷的存在似乎也很難避免，只要有和我們關係緊密的人死了，我們很可能就會出現悲傷情緒。面對這種個人無法掌控的情況，人們開始學會如何去正常面對。在面對的過程中，人們發現悲傷不像過去人們所說的那樣只是一種負面的存在，它也可以有正面的意義。只要我們能夠正視這樣的意義，那麼悲傷就不見得只能是一種負面的存在。

那麼，我們要怎麼看悲傷，才不會只是負面的存在？對於這個問題的解決，需要我們找出悲傷的正面意義。可是，要怎麼找才能找出悲傷的正面意義？在此，我們要從悲傷的作用著手。對一般人而言，悲傷總是不好的。之所以不好，是因為它會為我們帶來情緒上的難過，認知上的困擾。例如親人的死亡會讓我們心情不好受，使我們的情緒陷入谷底；也會讓我們質疑過去對神佛的信仰，認為神佛的存在是騙人的，人生根本就沒有意義。

不過，這只是悲傷可能造成的結果之一，它也可能出現其他的結果。例如親人的死亡讓我們重新省思我們和親人的關係，認為這樣的關係值不值得肯定。如果值得，那麼我們和親人的關係就會更進一層。如果不值得，那麼我們和親人的關係可能就會遭受摧毀。同樣地，我們和神佛的關係也是一樣。在經歷親人死亡的考驗，我們可能會不再相信神佛，也可能更堅定我們的信仰，認為我們的信仰已經通

過考驗。由此可知，我們對悲傷的判斷不見得都是負面的，也可以是正面的。過去之所以是負面的，關鍵在於受到內心成見的影響。現在之所以可以是正面的，關鍵在於我們不再受制於成見，而可以做客觀的思考，重新找出它可能擁有的意義。

 ## 第四節　我們對悲傷應有的態度

　　從上述的反省可知，我們之所以把悲傷看成是負面的存在，主要是受到兩個成見的影響。其中一個是把悲傷看成是不正常的存在，另外一個是把悲傷看成是不具正面意義的存在。經過上述的反省，我們發現第一個成見是受到事物出現頻率的影響，認為常出現的就是正常的，不常出現的就是不正常的。實際上，一個事物常不常出現，和它是否正常或不正常無關。因為，前者的常是一種事實的常，而後者的正常不正常卻是一種價值判斷。因此，在事實不等於價值的情況下，我們認為悲傷並不是一種不正常的存在，它只是出現的頻率較低罷了。

　　就第二個成見而言，這是受到人們主觀願望的影響。對人而言，人在主觀上就會期盼生活都可以過得順順利利。但是，主觀期盼和客觀現實是不一樣的。這時，我們不能因為不想接受這樣的客觀現實就扭曲客觀現實，以滿足自己主觀的期盼。實際上，我們應該回來看看客觀現實，看這樣的客觀現實到底可以具有什麼樣的存在意義？只有這樣做，我們才不會錯失客觀事實可能帶給我們的正面意義。所以，在面對悲傷的存在時，我們當然就不能只是從負面的角度來看悲傷，而要從正面的角度來看悲傷。

　　不過，這樣說的意思並不是認為悲傷只能從正面的角度來看，當然它也可以從負面的角度來看。至於應該從什麼角度來看，說真的，

它是隨著個人的不同而出現差異。對於可以從正面的角度來看悲傷存在的人，他就不會認為悲傷是一種負面的存在。可是，對於無法從正面的角度來看悲傷存在的人，他就會認為悲傷不是負面的存在，那還能是什麼樣的存在？從這一點來看，會怎麼看待悲傷其實是和個人有關。如果真是這樣，那麼是否就表示對於悲傷的評價是因人而異的？也就是說，悲傷只具有主觀的意義而沒有客觀的意義。

其實，事情的答案也不見得如此。的確，對於悲傷意義的評價確實牽扯到個人的主觀意識。但是，牽扯到主觀意識是一回事，悲傷的存在是否只具有主觀的意義則是另外一回事。就我們所知，悲傷的存在不只具有主觀的意義，它還具有客觀的意義。那麼，我們的依據是什麼？對此，我們的依據就是一般人的反應。對一般人而言，當他們在遭遇親人死亡時，所出現的悲傷反應不是因人而異完全不同，相反地，它有它的客觀表現。因此，基於這樣的客觀表現，我們才會說悲傷具有它的客觀意義。

以下，我們進一步舉例說明這樣的客觀表現。從傳統禮俗來看，為人子女在父母死亡以後沒有不悲傷的。如果有不悲傷的情形出現，我們就會認為這樣的子女是不孝順的。那麼，為什麼傳統禮俗會這樣判斷？其中，最主要的理由在於父母與子女之間具有親密的關係。當死亡發生時，這樣的親密關係自然會處於斷裂的狀態。面對這樣斷裂的狀態，為人子女的自然不願意接受。就是這種不接受的想法，引起為人子女內心的傷痛。

如果這種對於父母死亡的悲傷反應只是少數人的反應，那麼傳統禮俗就不會把它看成是為人子女必須有的反應。現在，傳統禮俗之所以把它看成是為人子女必須有的反應，正表示出這是大多數人在面對父母死亡時的普遍反應。既然是普遍的反應，那就表示為人子女的在父母死亡以後都應該出現這樣的表現才對。如果沒有，那就表示這樣的子女是有問題的。

　　當然，在過去那個年代，我們會從道德的角度來判斷為人子女的這種反應。可是，到了今天，對於這種反應的判斷要彈性多了。對我們而言，道德判斷只是所有判斷中的一種，不能認為它是唯一的一種。事實上，在道德判斷之外，我們也可以從悲傷輔導的角度加以判斷，這樣就不會單純地認為父母死亡時子女一定要表現出悲傷或是不悲傷。

　　相反地，我們會進一步回到悲傷的現象本身來了解。有的子女面對父母的死亡，他之所以沒有悲傷的反應，並不是他不悲傷，而是在某些因素的影響下他才沒有立刻出現悲傷的反應。例如受到文化因素影響的結果，對於某些地方的文化而言，它要求男人有淚不輕彈。因此，在父母死亡時他一樣秉持這樣的原則。這時，他當然就不會表現出悲傷的樣子。如果這時我們還要強求他一定要表現出悲傷的樣子，那麼這樣的要求可能就太強人所難了。所以，站在悲傷輔導的立場上，我們是不會做這種過度要求的。

　　此外，我們也知道父母與子女之間的關係不一定都是正面的，也有許多是負面的。當然在正面的時候，就算我們不要求，為人子女在父母死亡時自然就會有悲傷的反應出現。可是，如果關係是負面的，那麼在父母死亡時要為人子女的表現出悲傷的樣子，這時就會變得很困難。因為，在彼此不親的情況下，要他做出這樣的反應根本就不可能。因此，站在悲傷輔導的立場上，不會直接要求為人子女的一定要表現出悲傷的樣子，而會進一步了解他們和父母之間是否有什麼解不開的結？如果有，那麼在化解之後自然就會表現出悲傷的樣子。相反地，如果化解不了，那麼他們的不悲傷其實也是正常的。

　　根據上述這樣的探討，我們知道悲傷與不悲傷其實是個人的不同的反應。對於會悲傷的人，我們不用強迫他們一定不要悲傷；對於不悲傷的人，我們也不用強迫他們一定要悲傷。他們要不要悲傷，原則上是由他們自己決定的，說真的，這不是強迫就會有效果的。雖然

如此，在這裡有一點是我們要注意的，那就是他們的悲傷或不悲傷如果是自然的狀態，那麼對於這樣的狀態我們就沒有必要去改變它。可是，如果這樣的狀態不是自然的，而是摻雜著一些人為的因素，那麼我們就有必要透過悲傷輔導的作為加以疏導，以免因為欠缺疏導，結果為當事人或他人帶來不必要的傷害。

 ## 第五節　小結

　　最後，我們簡單回顧一下這一章的探討。在這一章當中，我們探討了我們對於悲傷的態度。從今天的角度來看，悲傷的存在是一個很自然的事實。因此，我們在對待悲傷時不需要帶著有色眼鏡。但是，這樣的認知是今天才有的。過去，無論是原始人或古人，人們對於悲傷的態度和今日是不同的。對他們而言，悲傷不是一個正常的存在。如果悲傷是正常的，那麼平日應該就隨處可見。可是，它只有在死亡發生時才會出現，可見不是正常的存在，而是自然或上帝懲罰的結果。對於這樣的存在，原始人或古人的態度就是能避之就避之。

　　這樣的態度一直延續了許久，到了科學的時代，人們不再從懲罰的角度來看待悲傷，而轉從疾病的角度來看待悲傷。雖然如此，人們還是把悲傷看成是一種不正常的現象。如果在正常的情況下，那麼人是不會有悲傷的。只有在不正常的情況下，人才會悲傷。因此，他們從疾病的角度來理解悲傷，認為悲傷是一種生病的狀態。一旦人的疾病好了，自然就不會悲傷，人也恢復了健康。所以，疾病就成為人在第二個階段對於悲傷態度。

　　到了今天，我們對待悲傷的態度就不一樣。之所以會不一樣，是因為我們對於過去的人對於悲傷的認知進行反省，發現他們在認知悲傷時都把這樣的認知建立在一些成見上，不是把悲傷看成是不正常的

成見，就是把悲傷看成是沒有正面作用的成見。無論成見是哪一個，這些都是由於沒有把悲傷從它自身來理解的結果。如果我們不要從外在的角度來猜測，而回到悲傷現象本身，那麼這些成見自然就會消弭於無形。

因此，從今天的角度來看，人有悲傷是很正常的。不僅如此，這樣的悲傷不會只出現一次，它會隨著親人的死亡而不斷出現。雖然如此，我們對於這樣的出現也毋庸擔憂。因為，在一般的情況下，這樣的悲傷會自然地出現，也會自然地恢復。在此，我們擔心的是，如果這樣的悲傷無法順利出現，那麼它也就無法順利恢復。這時，我們就需要悲傷輔導的協助。如果沒有這樣的協助，那麼這樣的悲傷無論是對自己或他人可能都會帶來無法預料的傷害。

6.

悲傷是否需要協助：
是否所有的悲傷都能自然化解

第一節　前言

從上述的探討可知，我們今天對於悲傷的態度和過去不太一樣。過去，不是把悲傷看成是自然或上帝對於人們的懲罰，就是把悲傷看成是一種疾病。現在，我們對悲傷的態度大不一樣。我們不但不會把悲傷看成是懲罰或疾病，還會認為悲傷是自然的存在，它正常地存在在我們的生活當中。只要我們活著的每一天，悲傷隨時都有可能出現。既然如此，那麼我們對於悲傷就不要採取逃避的態度而應該要正常地面對它。

如果我們在面對悲傷時要採取正面積極的態度，那麼就要正視悲傷的存在。對於悲傷要有客觀的了解，知道悲傷是怎麼一回事。如果對於悲傷沒有客觀的了解，那麼對於悲傷就會有錯誤的認識。在這樣的錯誤認識下，我們就會對悲傷採取錯誤的處理方式。一旦處理的方式錯誤了，那麼不但不能解決悲傷的問題，還可能會使悲傷加重或複雜化，使得悲傷的問題變得更難處理。對我們而言，這樣的作為是不恰當的。因此，對於悲傷我們需要有客觀的了解。

在客觀了解的協助下，我們對於悲傷就不會做出錯誤的判斷。在沒有錯誤判斷的情況下，我們對於悲傷就能採取正確的作為。例如對於不需要協助的悲傷，我們就不會擅自介入。至於需要介入的悲傷，我們也會根據當事人的需求予以適切地介入。如果我們在面對悲傷時都可以抱持這種合適的態度，那麼對於解決悲傷問題就會恰到好處，而不會造成不必要的困擾。就這一點而言，我們需要有能力分辨清楚什麼是需要介入的悲傷和什麼是不需要介入的悲傷，以及介入的時候要在什麼時候介入，以及介入到什麼樣的程度。

由此可知，要協助人們化解悲傷並不是一件容易的事情，除了需

要客觀了解悲傷之外，還需要知道悲傷是否可以自然化解。如果悲傷可以自然化解，那麼我們就沒有必要介入。可是，如果悲傷不能自然化解，那麼適時的介入就有必要。所以，在決定是否介入之前，需要先了解悲傷是否有自然化解的可能。如果沒有弄清楚這一點，在不需要介入的時候貿然介入，而需要介入的時候卻沒有介入，結果都是不好的。因此，為了避免這種不相應的情況發生，我們有必要先行探討悲傷是否會自然化解的問題。

 ## 第二節　悲傷是否會自然化解

悲傷是否可以自然化解呢？一般而言，對於這個問題我可以有兩種不同的解答：第一種就是肯定的答案，也就是悲傷可以自然化解；第二種就是否定的答案，也就是悲傷不能自然化解。那麼，答案到底是哪一種呢？其實，嚴格說來，無論答案是哪一種，都會有它們的作用和效果。如果是第一種，那麼我們對於悲傷就不用擔心，一切順其自然就好。如果是第二種，我們就要用心於悲傷的輔導，看要怎麼協助悲傷的人才能讓他可以安然度過。以下，我們從第一種答案討論起。

就第一種答案而言，人在面對悲傷的時候，是不用特別擔心的。因為，無論這是什麼樣的悲傷，程度有多強烈，只要自然面對，悲傷最終總是可以化解的。那麼，為什麼會有這樣的信心，認為悲傷最終總是可以化解的。對我們而言，先不論背後隱藏的理論預設是什麼，只要從歷史發展的角度來看，就會發現人類的悲傷最後都可以自然化解的，根本就不需要多加費心。唯一要注意的事就是，不要隨意介入他人的悲傷。

如果人類對於悲傷反應的實情真是如此，那麼我們對於悲傷當然

就不要任意介入，只要好好尊重悲傷的當事人，讓當事人有機會可以好好地化解他自己的悲傷。不過，話雖然這麼說，我們還是有一個疑問，就是人的悲傷爲什麼可以自然化解？如果我們沒有弄清楚，那麼就只會停留在事實層面的印證，而沒有辦法進入理論層面的印證。對我們而言，這樣的理解方式並不能符合今天知識必須透明化的時代要求。所以，站在知識透明化的時代要求下，對於悲傷爲什麼可以自然化解的問題必須有一個理論的交代。

對此，我們可以有什麼樣的理論交代？也就是說，在一般情況下，到底可以找到哪一種理論從本能的角度來說明悲傷是可以自然化解的？在此，有一種理論可資借鏡，就是所謂的本能論。根據本能論的說法，人在面對某些失去的情況，尤其是重要的人的失去，人自然就會出現悲傷的反應。對於這樣的反應，我們稱之爲本能反應。那麼，對於這樣的反應我們爲什麼會稱之爲本能的反應？這是因爲這樣的反應不是經過後天的學習得來的，而是先天就有的。平常這樣的反應之所以不會表現出來，不是它不想表現出來，而是沒有相應的刺激出現。一旦這樣的刺激出現，那麼它不想表現出來都很難。

不僅如此，當這樣的反應出現以後，不是說這樣的反應就會一直持續下去，至死方休。實際上，這樣的反應出現的時間是有一定的限度。如果沒有一定的限度，而是至死方休的話，那麼我們就會認爲這樣的反應就不是本能的反應。因爲，所謂的本能反應不只是天生而然，它還有自己的終止期。如果沒有終止期的存在，那麼這樣的反應就失去了作爲保護個體存在的本能意義。對本能而言，它不只對外在發生的事情會有所反應，還會對這樣的反應做出解決的對策。如果一個本能沒有辦法滿足這兩個條件，那麼這樣的本能就很難被認定是本能。所以，在生物的反應上，本能讓我們對應該反應的事物做反應，也讓我們在反應之後得以繼續存活下來。

從這一點來看，本能有兩個任務：一個是讓我們對該反應的事物

要有反應；一個是要讓我們可以安然度過這樣的反應，後續得以好好地繼續生存下去。根據這樣的原則，我們來看人類悲傷的存在。對人類而言，他在悲傷反應上其實和動物並沒有太大的差別。當動物遭遇同伴死亡時，對於這樣的死亡牠們不是不聞不問。相反地，牠們對死亡是會有反應的，我們稱之為悲傷的反應。

在此，當然有人會提出質疑，是否所有的動物都會有悲傷的反應？就我們所知，實際上，不是所有的動物都會有悲傷的反應。雖然如此，我們也不能否認在動物當中會有一些比較高級的動物會有悲傷的反應。在這裡，我們所謂的高級並不是意指在價值上比較高，而是說牠們的智商反應比較高，例如像大象或狗等等。對牠們而言，牠們對於同伴的死亡並不是無動於衷，相反地，牠們也是會有悲傷反應的。以下，我們做進一步的說明。

當這些動物在遭遇同伴的死亡時，牠們會有悲傷的反應出現。那麼，我們從什麼樣的行為可以觀察出來？主要是從觀察大象的同伴死亡時，牠們的行為反應得知。比如大象死亡之時，牠的同伴就會圍繞在大象的四周，舉起牠們的長鼻悲鳴不已。對於這樣的悲鳴情況，我們不能把它看成是一種無意識的動作。事實上，牠們的動作是有意義的。今天，如果牠的同伴只是睡著，第一，牠們不會圍繞在牠的四周；第二，牠們不會有舉起長鼻發出悲鳴的聲音。因此，對照這樣的行為，我們就可以判斷出大象對於同伴的死亡是有悲傷反應的。

如果真是這樣，那麼身為人類，在智商上又要比大象這類的動物來得更高，那麼他在面對同伴死亡時不是要更能表現出悲傷嗎？的確，在面對同伴的死亡時，尤其是原始人，他們更會表現出悲傷的反應。不過，出現這樣的悲傷反應其實不是由智商決定的。相反地，它是來自於我們動物性的表現。今天，如果我們沒有動物性的存在，而只有理性的存在，那麼在面對同伴的死亡時就不見得會有悲傷的反應出現。因為，就我們的了解，悲傷不是來自於理性的反應，而是來自

於情感的反應，而情感正好是動物性的一部分。

可是，正如上述所說，悲傷反應要成為本能的一部分，就不能只有面對同伴死亡反應的這一部分，它應該還要有自我恢復的一部分。如果它欠缺這一部分，那麼這樣的反應就未必是本能的反應。因此，我們還要指出悲傷反應的另外一部分，也就是自我恢復的一部分。對於人類來說，同伴的死亡固然會為他帶來悲傷的反應，但是為了繼續生存下去的需要，對於這樣的反應在事過境遷之後就會逐漸消失。所以，對人類來說，在面對悲傷反應的時候是不用太過擔心的。理由正如上述所說，大自然既然讓悲傷成為人類的一種本能反應，那麼它就會有機制讓我們自然恢復正常，不會因著悲傷而影響到自己的生存。

這麼說來，對於我們探討悲傷是否會自然化解的問題答案應該是肯定的。也就是說，對於悲傷的問題我們毋庸擔心，它早晚都會自然化解的。可是，答案有這麼簡單嗎？如果人類一直維持在原始的時代，生存狀態有如動物一般，那麼給予這樣的答案我們不會有任何意見。問題是，人類是進步向前的，不會永遠都維持在這樣的原始生存狀態。既然如此，當時代不斷在進步，人類的關係也愈來愈複雜化，這時要說悲傷是種本能的反應，這種說法好像就不是那麼合乎時宜了。

那麼，為什麼情況會變成如此？這是因為有關悲傷的反應已經不是原初的悲傷。如果悲傷仍然是原初的悲傷，那麼在本能的角度下它當然會自我復原。可是，在歷史的演變中，人類的關係愈來愈複雜，這時要它自我復原，說真的，就有點太強人所難。因為，能自我復原的就是單純的悲傷。至於在複雜關係中出現的悲傷，要它自然復原根本就不可能。如果真要它能復原，不管復原的程度為何，都是需要他人協助的。對當事人而言，要自我復原是很難做到的。從這一點來看，我們就很清楚為什麼現代會有悲傷輔導這門學科出現的理由。

第三節　爲什麼悲傷不能自然化解

　　根據上述的探討，我們知道悲傷確實是我們的本能反應之一，正如飲食需求也是我們的本能反應之一。但是，隨著時代的演變，這樣的本能反應已經不是原始狀態就足以說明的了。如果我們一定要堅持原始的狀態，認爲這樣的狀態至今未變，那麼除了製造更多的困擾以外，是完全無法解決問題的。可是，對我們而言，如何解決悲傷所帶來的問題是很重要的。如果這些問題沒有解決，那麼除了對個人會造成負面的影響以外，還會爲整個社會帶來很大的困擾。因此，我們有必要了解悲傷複雜化的歷史進程。

　　對人類而言，如果他的存在狀態一直都和動物一樣。那麼，在歷史的演變中，他就會像動物那樣，一直處於沒有改變的狀態。那麼，爲什麼動物會這樣？這是因爲牠一直都處於本能的狀態。在本能的限制下，牠對於事物的反應只能千篇一律，千載不變。這時，就算牠不想服從本能的命令，希望能夠有一些新的改變，也沒有能力加以違抗。所以，在本能的限制下，動物永遠都只能維持原來的樣子，沒有任何改變的可能。

　　幸好，人類不是這個樣子。的確，人類和動物一樣，都是動物的一種。在動物性的限制下，人類也有他應有的本能。不過，這樣的本能只是他的一部分。在本能之外，人類還有理性。由於理性和本能不同，本能重在依循既有的規矩，而理性則重在突破規矩建構新的規矩。因此，在時間的演變中，人類的表現就和動物不一樣，他不會只因循過去本能所賦予的規矩，而會在面對問題時進行新的思考，有必要時就會打破規矩建立新的規矩。就是這樣的特點，讓人類在面對問題時和動物有所區別。

　　同樣地，在面對悲傷時，人類和動物不一樣。對動物而言，面對悲傷只要反應出悲傷即可，不需要有任何的改變。如果任意改變了，那麼這樣的反應我們可能就不會認為這是動物的反應。可是，人類對於悲傷的反應就大不相同。對人類而言，悲傷反應不是千篇一律的，它會隨著環境與自身狀態的不同而有不同的表現。也就是說，面對應該悲傷的時候，他不見得就會反應出悲傷。相反地，他要不要反應出悲傷，就要看他個人的狀態。如果狀態認為需要反應出悲傷，那麼他就反應出悲傷。如果狀態認為不需要反應出悲傷，那麼他就不會反應出悲傷。由此可見，人類對於悲傷的反應不見得都會按照本能的規定來反應。

　　那麼，人類為什麼會這樣？正如上述所言，這些都是理性作用的結果。如果沒有理性，那麼人類就只能生存在本能的控制下。可是，自從人類的理性開始作用以後，本能對於人類的控制就愈來愈弱。雖然如此，如果我們的論述僅止於此，那麼對閱讀的人而言，這樣的論述太過抽象，實在很難令人對上述的論述產生具體的了解。因此，我們不能只停留在上述抽象的論述上，而需要回到歷史具體的進程中，看人類對於悲傷的反應是如何從單純逐漸演變到複雜，甚至於複雜到很難只從表面就可以下判斷，必須借助於悲傷輔導的專業。

　　最初，人類在悲傷的反應上和動物幾乎一樣，主要是反應在自己的同伴上。對於不是自己同伴的人類和動物，他們是不會有反應的。之所以如此，是因為這些人類和動物對他們而言是一種敵對的存在。在生存上，他們是會威脅到自己的生存。因此，在非我族類的認知下，對於他們的死亡在情感上是不會有悲傷的反應出現。相反地，對於屬於和自己同一族群的人們，在他們死亡的時候，由於同情共感的關係，他們是會有悲傷反應出現的。

　　只是這時所出現的悲傷反應，和最初與動物類似的悲傷反應並不相同。對於動物的悲傷反應，那是一種屬於死亡所帶來的本能反應。

所以，在反應上非常地純粹，完全沒有摻雜任何其他的因素。可是，人類對於同伴死亡的反應就不一樣。對人類而言，這樣的死亡是摻雜著神祕的因素，甚至於包含著人類疏失的成分。因此，在悲傷的反應上就不只是一種本能的反應，它還夾雜著禁忌的成分，使得人類無法像動物那樣直接地面對。在面對時，人們的心情是處於一種既悲傷又害怕的複雜狀態。

到了父系社會以後，人類對於悲傷的反應就更加複雜了，它和母系社會的反應不太一樣。在父系社會當中，人與人的關係開始複雜化。這種關係之所以變得複雜，最主要是受到人類社會組織出現的影響。這時，母親不再透過生育成為一切的主宰。相反地，父親透過勞動力的掌握，逐漸成為一切的主宰。在這種主宰地位的轉變中，家族制度逐漸形成。由於父親掌握了勞動力，無形當中財產開始私有化。受到這種制度轉變的影響，人類對於悲傷的反應也隨之產生了變化。

這時，人類的悲傷就不是單純的反應。原先，只要是同一族群的人，無論這個人是誰，只要他死亡了，那麼族群中的人都會為他致哀。可是，在父系社會家族關係形成以後，對於家族以外的人，無論他是誰，只要他和這個家族沒有血緣關係，那麼在他死亡的時候，他們是不會出現悲傷反應的。但是，只要他是這個家族的成員之一，無論關係的遠近親疏，只要是他死亡了，那麼家族中的人都會為他致哀。由此可見，到了家族關係出現以後，人類對於悲傷的反應不是只要是同伴死了都會有反應，還要看這樣的同伴是否是自己家族中的一員。如果是，那麼他們就會出現悲傷的反應。如果不是，那麼他們就不會出現悲傷的反應。

這麼說來，血緣關係的有無，決定了我們對於他人的死亡要不要出現悲傷的反應。不過，這樣的反應並不是人類對於他人死亡的最終反應。實際上，隨著關係的複雜化，人類對於他人死亡所產生的悲傷反應也隨之變化。這時，我們反應的關鍵就不再是血緣的關係，而逐

漸轉移到情感的關係。例如本來我們只對家族成員的死亡會產生悲傷的反應，但是後來就算只是朋友，只要有感情的成分，那麼對於朋友的死亡我們一樣會有悲傷的反應出現。這種同情共感範圍的擴大，就表示我們對於悲傷反應的對象不再侷限於是否具有血緣關係，而逐漸以情感作為反應與否的基礎。

到了現代，這樣的關係更加複雜化。對現代人而言，他在悲傷的反應上不再侷限於人，逐漸延伸到動物。只是這裡所說的動物並不是指一般的動物，而是和我們有親密關係的寵物。在主人的心目中，寵物不只是養來玩的，牠還是我們精神寄託所在。因此，在關係日益緊密的情況下，我們與寵物之間的情感日漸深厚。有時，這樣的情感深度甚至超過與父母之間的深度。所以，我們才會見到死了寵物有如死了父母，而死了父母卻有如死了陌生人，那樣的反應出來。

不只如此，在悲傷的反應上它還出現了質的改變。早期，我們之所以以血緣關係為主，是因為我們十分依賴這樣的關係。如果欠缺這樣的關係，那麼我們要平安度過一生其實是很困難的。到了現代，經濟不斷獨立的情況下，個人主義日益盛行，血緣關係不再是決定我們是否可以好好生存在這個社會的主要條件。相反地，個人的表現決定他的一切。在這種情況下，對於情感的關係他自己可以抉擇做主，不再一切都要順從於血緣關係。如此一來，人們在悲傷的反應上就必須根據他自己的情感狀態。如果這個人，無論有沒有血緣關係，只要認定他是重要的人，那麼對於他的死亡我們自然就會出現悲傷的反應。相反地，這個人就算有血緣關係，只要我們認為他不是我們重要的人，那麼他即使死了，我們也不會有悲傷的反應出現。

除了這種情況以外，在感情的表現上，人們也開始複雜化。最初，人們對於這種血緣關係都會盡量順從與維護，無論是正面的關係還是負面的關係，基於血緣的關係，我們一定不會允許這樣的關係被破壞。所以，過去才會有「天下沒有不是的父母」的說法出現。即使

父母眞的有所不是，站在關係的維護上，爲人子女通常都不會主動去破壞這樣的關係。這樣做的結果，當父母死亡時，爲人子女的自然就會有悲傷的反應出現。

可是，現在的情況要複雜得多。爲人子女與父母的關係不再像過去那樣單純，相反地，他們的關係要複雜得多。不只是爲人父母不見得就一定是爲人子女的關係中心，他們和子女之間的關係也是正負交雜，糾纏不清。之所以如此，是因爲過去的順從關係改變了，在彼此各有主見的情況當中，衝突日漸增加。因此，爲人父母與爲人子女的關係不再像過去那樣，有時他們彼此之間的關係會發展到極端敵視，甚至於形同陌路。所以，在父母死亡時，爲人子女的就不一定會有悲傷的反應發生。就算有這樣的悲傷反應發生，在彼此關係複雜的情況下，要這樣的反應自然平復也是一件不可能的事情。

 ## 第四節　我們要如何協助

從上述的探討來看，現代人的悲傷要比過去複雜得多。在這樣的情況下，我們很難要求每一個對於親人的死亡都會出現相同的悲傷。有的人，在親人死亡的時候，他是沒有悲傷反應的。有的人，在親人死亡的時候，他雖有悲傷的反應，但這樣的反應並不會太過激烈。可是，有的人就不一樣。在親人死亡時，他的反應是十分激烈的，甚至於激烈到無法繼續生存下去。因此，當我們在面對不同的人的不同悲傷反應時，要做出相應的協助，嚴格來說，並沒有表面看到的那麼容易。相反地，它是一個很艱難的工作。

那麼，我們要怎麼做才能對不同的悲傷做出相應的回應？對此，我們必須先深入各種不同的反應，看這樣的反應是一種正常還是不正常的反應。如果是正常的反應，那麼對於這樣的悲傷我們就不用太過

擔心，只要適時在旁邊注意，不要讓這樣的悲傷做過度的發展，最終這樣的悲傷都可以自然平復。可是，如果這種悲傷是複雜的，那麼在沒有人協助的情況下，它可能就會出現不可預期的發展，最終對於當事人或他人帶來無法挽回的傷害。所以，在面對不同的悲傷時，我們必須有分辨的能力，看什麼樣的悲傷是需要我們介入的，什麼樣的悲傷是不需要我們介入的。

其次，對於不同的反應需要做出不同的回應。以下，我們逐一說明。第一種情況就是，一般人在父母死亡的時候，他們都會有悲傷的反應出現。對於這樣的悲傷，我們認爲是正常的。通常，對於這種悲傷我們實在沒有介入的必要。不過，話雖然是這麼說，我們還是需要稍微留意一下。因爲，我們對於當事人與其父母的關係，說眞的，並不是那麼的清楚。因此，留意的意思就是要避免發生預期之外的變化。

至於第二種情形就是，我們已經知道當事人和父母的關係是正常的。不僅如此，甚至於正常得過於親密。這時，當他在面對父母的死亡時，有了比較強烈的悲傷反應，也是可以理解的。可是，如果悲傷不止於此，甚至於還超過預期，出現了過於強烈的悲傷反應，對我們而言，當我們觀察到這樣的現象時，就不能只是袖手旁觀，而需要進一步的介入。因爲，當他處於這種過度悲痛的狀態時，有時會出現生命的危險。所以，爲了避免這種不幸後果的發生，我們不但需要及時介入，還要持續關懷後續的發展。

此外，還有第三種情況。對有的人而言，父母的死亡就像不認識的陌生人死亡那樣，他似乎一點悲傷的反應都沒有。對於這種情形，我們一般的判斷是他應該非常不孝順。如果不是這樣，那麼他對於父母的死亡應該會有悲傷的反應出現。可是，我們這樣的判斷有沒有問題？如果沒有做更進一步的了解，說眞的，任誰也沒有把握自己的判斷一定是對的。既然如此，在面對這種情況時，我們就有必要做更深

入的了解。

如果是上述的情況，在關係不親的情況下，要當事人對父母的死亡出現悲傷的反應，確實有點強人所難。這時，我們如果勉強要對方表現出悲傷的樣子，這樣也只是爲了順應社會的要求而不得不這樣做的。實際上，這樣的作爲並沒有太大的意義。因爲，對我們而言，悲傷是一種情感的自然反應。如果有，那麼就讓它自然發生。如果沒有，那麼也沒有必要勉強它發生。唯有如此，當有需要我們介入時，那麼這樣的介入也才會有意義。

可是，當事人之所以沒有悲傷的反應，情況其實不只是一種，它還有其他的情形出現。例如他是有悲傷情緒的，但是一時之間這樣的情緒無法表達出來。因此，我們才會見到當事人處於麻木的狀態。就我們所知，這樣的麻木狀態是一種自我保護機制。對當事人而言，在無法接受父母死亡的衝擊時，他自然而然地就會以麻木的狀態因應。如果不是這樣，那麼他可能無法承受父母的死亡。所以，對於這樣的反應，我們一方面要客觀了解，知道這不一定就是一種不孝順的表現，另一方面也要注意後續的發展，看有沒有必要做進一步的介入。因爲，一直處於麻木的狀態也是有問題的。

當然，這樣的反應不只是上述的幾種情況，它也可能是一種文化的規定。例如對我們而言，傳統文化常常要求男兒有淚不輕彈。因此，即使遭遇父母死亡的大事，他也不一定會把悲傷的情緒表現出來。當他沒有表現出來的時候，我們是要認定他根本就不悲傷，還是從傳統文化的角度加以解讀，認爲他只是有淚不輕彈罷了！對於這一點，我們必須進一步分辨。如果我們沒有分辨清楚，那麼對於當事人的悲傷情緒可能就會出現誤判，以至於該介入的沒有介入，不該介入的卻又介入太多。對我們而言，這些都是需要加以注意的。

最後，還有一種情況需要我們多加注意，就是當事人之所以不悲傷，不是當事人不想悲傷，而是太過複雜不知如何悲傷起。對於這個

問題，需要我們多加注意。因為，對今天的人而言，由於他和父母的關係常常會有衝突的情況出現，所以在面對父母的死亡時，在悲傷的反應上就會變得比較複雜。這時，在反應悲傷上他就沒有那麼直接。有的時候他是悲傷的，有的時候他卻又彷彿一點悲傷都沒有。對我們而言，我們就要注意這樣的反應有沒有潛藏的因素。如果有，那麼對於這樣的恩怨情仇，我們就有必要協助釐清化解。如果沒有，那麼就要喚醒他們彼此之間的親密過往。經由這樣的疏導過程，我們就有機會讓他們正視他們和親人之間的親密關係，而不會執著於彼此之間的衝突過往。

經由上述的探討，我們知道不是所有的悲傷反應都要協助。對有的悲傷反應而言，它只要透過個人或既有的親友人脈就能自然獲得平復，不需要他人刻意地介入。可是，有的悲傷反應就不一樣。如果沒有他人的介入，那麼單憑個人本身或既有的親友人脈，這樣的悲傷反應是無從平復的。之所以如此，是因為這樣的悲傷反應不是單純的反應，而是複雜的反應。如果沒有專業知識的協助，那麼要釐清含藏其中的種種曲折關係，說真的，還非常地困難。因此，對於類似這樣的情況，我們是需要悲傷輔導的專業介入的。

第五節　小結

對於悲傷是否會自然化解的問題，在經過這麼複雜的討論以後，我們現在可以給予一個簡單的回答：不是所有的悲傷都是可以自然化解的，有的悲傷是當事人自己也無法化解的。對於可以自然化解的悲傷，我們當然需要尊重當事人的能力與意願，不要隨意地介入。相對的，對於當事人無法自行化解的悲傷，並不表示我們就可以任意介入。實際上，在一般的情況下，是要看個人的處境和意願。如果他

94

沒有意願，雖然處境不好，我們還是不能輕易介入。除非這樣的不介入，可能會對當事人或他人帶來傷害。這時，我們在沒有選擇的情況下，只好強加介入。

那麼，爲什麼有的悲傷就可以自然化解，而有的悲傷就很難自然化解？當然，這除了和個人對於悲傷的認識和能力有關外，也和悲傷的複雜程度有關。如果悲傷的程度愈單純，那麼自行平復的機率就愈高。如果悲傷的程度愈複雜，那麼自行平復的機率就愈低。在機率愈高的情況下，我們就愈沒有必要介入。在機率愈低的情況下，我們就愈有介入的可能。但是，無論介入或不介入，我們最主要的目的就在於讓每一個人都可以過一個比較平順的一生，不要因著悲傷的影響，使得自己的一生過得起起伏伏，天天受困於悲傷。

7.

悲傷的組成要素

第一節　前言

　　之前，我們已經探討了悲傷是否會自然化解的問題。根據這樣的探討，我們知道具有動物性的人類，他們在遭遇重要的人死亡時是會有悲傷反應的。之所以如此，這是因為這就是人類的本能反應。雖然如此，人類不是一直都處於這樣的動物狀態。隨著歷史的演變，人類在悲傷反應上愈來愈複雜。一般而言，在家庭制度的影響下，人類的悲傷反應開始有了層級的分化。再加上個人主義的盛行，人類的悲傷反應更是錯綜複雜。面對這麼複雜的情況，我們在回應悲傷反應的問題時，就不能單純地認為它是會自然化解還是不會自然化解，而需要看個別的情形而定。雖然這樣的分辨令人覺得麻煩，但是相不相應永遠都是我們在協助別人時需要注意的事情。

　　在正式探討悲傷輔導的理論以前，我們還有一個問題需要解決，就是悲傷反應的表現問題。在此之前，我們曾經探討過悲傷的意義，看所謂的悲傷指的是什麼？在那樣的探討之後，我們知道悲傷不是如表面所見，只是一種情緒的反應。實際上，它的反應很複雜。其中，牽扯的部分不只是願不願意的問題，它還和有沒有價值、有沒有意義、熟不熟悉有關。不僅如此，在做更深入的探討以後，我們還發現悲傷是和重不重要、在不在意有關。尤其是在不在意，是會影響我們的悲傷反應。

　　經由這樣的探討，我們對於悲傷的內涵已經有了相當程度的認識。不過，這樣的認識都只是一種內涵的分析，屬於抽象理解的部分。現在，為了具體了解悲傷反應的內容，我們還需要有關外延部分的認識。當我們了解了這些外延的內容以後，就可以說我們對於悲傷的認識已經臻於完備。在這樣認識完備的前提下，我們在做悲傷輔導

時才有一個依據。否則，在沒有外延認識的情況下，我們很難分辨什麼樣的表現是悲傷的表現，什麼樣的表現不是悲傷的表現。由此可知，這樣的外延認識在悲傷輔導上是很重要的。

 ## 第二節　悲傷的外延層面

　　既然如此，那麼我們接著要探討的就是悲傷外延層面的問題。就我們所知，有關悲傷外延層面的說法有很多種。其中，有的認為悲傷就是悲傷，只要知道它的內涵就夠了，不需要再知道它有哪一些外延的層面。不過，有的就不認為這樣，認為外延層面的了解很重要。如果欠缺對於外延層面的了解，那麼在探討悲傷輔導的時候我們就沒有著力的地方。因此，我們需要先弄清楚悲傷的外延表現，這樣我們在進行悲傷輔導的時候就知道應當如何進行。

　　那麼，對於悲傷外延層面的探討是否真的有此必要？對於這個問題，我們需要先行解決。如果沒有解決，那麼對於悲傷外延層面的探討就無法進行。所以，對於悲傷是否有外延層面的問題，是解答悲傷外延層面是什麼的先行問題。那麼，悲傷是否有外延層面呢？就我們所知，每一個存在除了有內在的涵義以外，就是外在的表現。除非這樣的內在涵義是絕對的虛無，否則我們都可以找出對應的外在表現。例如上帝的存在，雖然祂的內在涵義只有存有本身這一項，但是在外在的表現上，我們還是可以說祂是絕對的愛、絕對的自由、絕對的正義等等。之所以如此，是因為對於上帝的認知我們可以從認知者自身的偏重點來看。至於一般的存在那就更不用說了，它們不只擁有屬於自己的各種內在涵義，還擁有屬於自己的各式各樣的外在表現。所以，從這一點來看，悲傷不只具有自己的內在涵義，也具有自己的外在表現。

　　如果以上討論屬實，那麼悲傷可以具有什麼樣的外延呢？對此，不同的研究者擁有不同的答案。例如有的研究者認為，情緒就是悲傷反應的一切，所以悲傷反應就是種種情緒的表現。有的研究者則持不同的看法，認為悲傷反應的不只是情緒而已，它還有生理和社會（或行為）層面的表現。此外，更有研究者認為，悲傷反應的層面要更廣，它不只具有生理、心理和社會（或行為）的層面，還具有覺知和認知的層面。對於認知的部分，這裡有三種不同的主張：一種是把認知的部分併到心理層面當中；一種是對認知的部分做進一步的區分，把認知和倫理的部分區分開來，認為倫理和認知是屬於不同的層面；一種是把靈性和認知的部分區分開來，認為靈性和認知是屬於不同的層面。

　　現在，我們從情緒的層面探討起。就我們所知，悲傷和情緒的確有很緊密的關聯。只要我們談到悲傷，第一個感受到的就是情緒的反應。所以，一般在討論悲傷的表現時，自然就會把情緒的反應看成是悲傷的主要表現。不過，主要反應是一回事，是否只有情緒的反應則是另外一回事。根據我們的了解，在情緒反應之外，悲傷還有其他反應的面向。例如生理的面向，社會（或行為）的面向，認知的面向等等。所以，不能把心理的面向看成是悲傷反應的一切。

　　如果心理的反應不是悲傷反應的一切，那麼在心理反應之外，還有什麼樣的反應也可以算是悲傷的反應？對有的研究者來說，在心理反應之外，我們可以找到生理和社會的層面。之所以如此，是因為在我們悲傷時不只會出現情緒上的反應，還會有生理上的反應以及行為上的反應，也就是社會層面的反應。例如在生理層面上出現行屍走肉的反應，在社會（或行為）層面上出現逃避他人的反應。既然如此，這就表示悲傷反應具有多面向。除了心理層面之外，還有生理層面和社會（或行為）層面的反應。

　　可是，這就是悲傷反應的所有面向了嗎？會不會在這些面向以外

還有其他的面向？對有的研究者而言，在這些面向之外的確還可以有認知的面向。那麼，爲什麼他們會這麼說？這是因爲認知也會影響我們的悲傷反應。如果忽略這一點，那麼在了解悲傷反應時就會無法解釋某一些現象。例如爲什麼有的人會陷入那麼絕望的狀態？其中，最主要的理由就在於他認爲這個世界是沒有上帝存在的，但是他又希望和他的親人在死後還有再相見的機會。對於這樣的願望，在沒有上帝存在的前提下，根本就沒有實現的可能。由此可見，認知的層面也是悲傷反應的一種表現。

不過，有的研究者就持相反的意見，認爲認知的部分不應獨立於心理層面之外。因爲，在一般心理學的研究中，心理層面是可以包括認知的部分在內。這麼說來，這樣的主張應該就沒有錯。那麼，在沒有錯的考量下，我們是否就要調整上述的說法，把認知的部分納入心理層面當中？其實，答案也不盡然如此。其中，最主要的理由是，認知層面和心理層面畢竟不同。一般而言，認知層面強調的是意義的部分，而心理層面強調的則是情緒的部分。因此，要把這兩者加以分開，說眞的，也沒有什麼不可以。

討論至此，表面看來，這樣的理解好像已經把悲傷反應的各個層面都概括進來了。既然如此，那麼我們對於這個問題似乎就沒有再做進一步探討的必要。但是，對此仍有研究者持有異議。他之所以會有異議，並非他不同意以上的層面區分，而是認爲在認知層面的部分還有進一步區分的必要。從他的觀點來看，認知層面固然可以解釋很多悲傷反應的現象，可是有一個現象它是無法解釋的，那就是和倫理有關的現象。當一個悲傷反應出現時，如果這是和倫理有關，那麼在欠缺倫理層面的情況下，對於這樣的反應是無從解釋的。所以，在認知層面以外，我們有必要再進一步區分出倫理的層面，這樣才能圓滿解釋悲傷的所有反應。

的確，從圓滿解釋所有現象的角度來看，增加倫理層面似乎很有

必要。不過，這裡有個觀念必須釐清，就是對於倫理可以有不同的認知。如果我們從西方的角度來看，那麼倫理就是認知的一環。雖然它是一種價值的判定，但這樣的價值判定是根據認知的內容決定的。例如功利主義的看法，什麼是幸福？對它而言，這樣的回答是可以從數量的多寡決定的。當它可以讓大多數的人獲得利益，那就是幸福。反之，就不是幸福。從這一點來看，大多數的人就是一種認知的結果。基於這樣的思考，倫理當然是認知的一環。

可是，如果我們從中國的立場來看，那麼答案就很不一樣。對中國人而言，倫理是一種價值的判斷，它不是附屬於認知的。相反地，它有它自己獨立的地位，甚至於有時是基於主導地位。例如一個人的存在，雖在認知上對自己是不利的，但是基於倫理的要求，他可能會為對方犧牲生命。之所以如此，不是認知計算的結果，而是良知發用的結果。所以，對中國人而言，這樣的倫理當然應該獨立於認知之外，屬於另外一個層面。

那麼，對於這樣的爭議我們應當如何處理較為恰當？對此，我們採取一個折衷的做法，就是暫時把中國式的倫理解釋放在認知當中。雖然這樣做不是很恰當，但是站在西方康德強調實踐理性也是理性的一種的立場上，這樣的做法也是無可厚非的。畢竟實踐理性也是一種認知，只是這種認知不是理論理性的認知，而是實踐理性的認知。依此，我們就可以把倫理暫時放在認知的層面上，合理地把它看成是認知層面的一環。

此外，還有靈性的問題。那麼，靈性和認知的部分是否一定要區分開來？表面看來，靈性和認知的部分似乎不同。其中，一個是屬於超自然的部分，一個是屬於自然的部分。不過，如果我們從意義的角度來看，無論是靈性還是認知，它們都是屬於意義的一部分。就這一點而言，如果我們要把靈性放在認知層面來談，嚴格來說，其實也不見得就不可以。所以，站在意義的角度，我們就暫時把靈性的部分也

放在認知的層面來談，當作認知層面的一部分。

 ## 第三節　生理的層面

　　經由上述的探討，我們把悲傷反應的外延表現分成四個層面：
第一個是生理層面；第二個是心理層面；第三個是認知層面；第四個
是社會層面，也就是行爲的層面。那麼，我們要從哪個層面開始探討
起？在此，我們依據先物質後精神的原則，以及先個體後社會的原
則加以論述。雖然這四個層面嚴格來說並沒有先後之分，它們都屬於
悲傷反應的一環，但在論述上我們還是要有先後的順序。所以，基於
論述的便利性，我們先從生理的層面開始探討起，再依序探討心理層
面、認知層面和行爲層面。

　　首先，就生理層面的反應來看。無論是誰，只要是人，一旦遭遇
了死亡的衝擊，他在悲傷時自然就會出現一些生理的反應。對於這樣
的反應，無論他願不願意，也不管他喜不喜歡，它們都會自然出現在
他的生理上。這時，在生理的表現上他就會處於一種緊張的狀態。之
所以如此，這是因爲他所處的情況和一般不太一樣。如果他還是和一
般一樣的反應，那麼他就無法應付這樣的情況。因此，在應付這種特
殊情況的要求下，他的生理不得不處於這種緊張的狀態。

　　那麼，這種緊張狀態所產生的生理反應有哪些？以下，我們逐一
說明。一般來說，我們常常可以見到的生理反應，有胸口悶悶的、喉
嚨發緊、呼吸困難、口乾舌燥、胃部抽空等等。那麼，爲什麼我們的
身體會出現這些反應？這是因爲當親人的死亡事件發生時，人爲了避
免自己一時之間無法適應，所以在生理上就會自動分泌一些荷爾蒙。
在這些荷爾蒙的影響下，人的身體就開始出現一些調整，表現在生理
上就是上述的種種反應。當我們開始覺察自己出現這些反應時，這就

表示我們已經進入悲傷的狀態。

　　不僅如此，當我們進入悲傷的狀態時，我們的身體也會出現整體的反應，例如頭昏眼花、全身無力等。在這種情況下，雖然我們不想這樣，希望能夠振作起來，但很奇怪的是，無論再怎麼想要振作，身體就是完全不受理性的控制。面對這種的情況，除了接受之外我們沒有辦法有其他的作為。對我們而言，這樣的生理表現也是悲傷反應的一環。

　　此外，在聽覺上也會出現一些奇特的現象，例如對聲音變得特別敏感。當然，這樣的敏感不是我們有意而為的，而是一種身體的自然反應。之所以會有這種反應，純粹是受到親人死亡事件的衝擊。在這種衝擊的影響下，我們的身體出現一種特別的反應，就是不想受到其他不相干的因素影響，只想待在親人死亡的事件當中。所以，這時只要有外在的聲音進來，無論這是怎樣的聲音，都會被認為是一種干擾個人狀態的噪音。就我們所知，這樣的聽覺反應就是一種悲傷的反應。

　　除了上述的種種生理反應外，浸淫在悲傷之中的人還會有一種特殊的生理反應，就是行屍走肉。當人們處在這樣的反應之中時，他們會陷入一種不真實的感覺當中，彷彿他的世界只是一種虛無縹緲的存在。對他們而言，無論他們再多麼努力，這樣的努力也沒有辦法讓這個世界變得更真實一點。從悲傷輔導的角度來說，這樣的不真實是可以產生一種隔離的效果，使悲傷的當事人不至於直接遭受死亡事件的衝擊，導致個人人格的崩潰。

　　從以上這些生理的反應來看，當人們處在悲傷的狀態時，之所以會出現這樣的反應，是有它們各自的作用。如果沒有這些反應的存在，那麼在直接接受衝擊的情況下，人們可能就很難繼續生存下去。所以，為了繼續生存下去，人們的身體本身就會有一些反應的機制，藉由這些機制的緩衝，使人們在親人死亡事件的衝擊下仍然可以安然

存活。對我們而言，站在悲傷輔導的立場上，這樣的生理機制是必需存在的。

 ## 第四節　心理的層面

　　在討論過生理層面的反應以後，接著再討論心理層面的反應。對我們而言，有關心理層面的反應要比生理層面複雜得多。之所以如此，是因為生理層面的反應是生理的直接反應，一般來說，很難騙人，即使有人想要做假，恐怕也不太容易達成目的。可是，心理層面的反應就不太一樣，有時它的反應是直接的，有時是間接的，有時是正面的，有時是負面的。對於這種複雜的情況，如果我們沒有深入分辨，有時就很容易造成誤判，以至於無法獲得正確解讀的效果。對悲傷輔導來說，這樣的誤讀後果是很嚴重的。

　　那麼，有關心理層面的反應有哪些？在此，我們先討論震驚的現象。對一般人而言，在沒有經歷過親人過世的衝擊之前，他可能很難理解這樣的現象。有時，他會因為不理解，就誤以為喪親的當事人是不悲傷的。實際上，喪親的當事人不見得不悲傷，只是事件來得太突然，在沒有心理準備的情況下，突然得知親人逝去的消息，他可能就會出現震驚的反應。所以，當我們在進行悲傷輔導的時候，對於當事人的悲傷反應不要太快下判斷，以免誤把當事人的震驚反應誤判成不悲傷的反應。

　　接著討論第二個現象，也就是難過的現象。對一般人而言，當他遭遇喪親的事件時，自然就會有難過的現象出現。為什麼會有這樣的現象呢？這是因為他捨不得親人的離去。如果這樣的離去只是短暫的，那麼這樣的難過就不會太久。可是，一旦這樣的離去是永遠的，那麼他的難過就會既長久又強烈。因此，對於喪親的人們而言，這樣

的悲傷反應是很正常的。如果有人沒有這樣的反應，那才會叫人覺得奇怪！

再來，我們討論的第三個現象就是憤怒。雖然在一般的情況下，我們在親人死亡的時候，表現出來的是難過的情緒。不過，有的人就不一樣，他不但沒有表現出難過的情緒，相反地，看起來還很憤怒的樣子。為什麼他會覺得憤怒呢？其實，我們只要了解其中緣由，就會知道他之所以憤怒的原因。對他而言，他認為親人的死亡違反了和他的約定。如果一切都按照約定來，那麼對於親人的死亡他就不會有憤怒的情緒出現。可是，親人並沒有按照約定來，卻在約定之外擅自死亡，所以他才會覺得憤怒。對於這樣的憤怒情緒，只要我們深入了解，站在悲傷輔導的立場上，就有化解的可能。

第四個是解脫感的現象。對於有的人而言，當他在照顧有病的親人時，他雖然盡心盡力地照顧，但在長期的壓力下，這樣的照顧會讓他覺得難以負荷。這時，他的親人如果突然間因病死亡，那麼他就會有一種解脫的感覺。對他而言，這種解脫感的出現，不是表示他不想再繼續照顧親人，而是一時之間的內心反應，表示照顧的壓力終於解除了。因此，我們在進行悲傷輔導時，就要讓當事人了解，這是壓力的解除，而不是不孝的表示。

第五個是愧疚、自責與罪惡感的現象。本來，親人的死亡是親人本身的事情，雖然有時候他的死亡會和我們有關係，是因為我們的疏失所造成的。對於這種情況，當事人會出現愧疚、自責與罪惡感，是情理中的事情。可是有時候親人的死亡和我們的疏失無關。實際上，我們該注意的都注意到了，但親人還是死了。對於這樣的死亡，如果我們抱持著愧疚、自責與罪惡的心理，認為這些都是自己疏失所造成的，那麼就表示我們對自己的要求太過完美了，彷彿把自己當成上帝來看，否則就不會有這樣的心理反應出現。所以，站在悲傷輔導的立場來看，我們有必要協助當事人加以釐清，以免產生不必要的傷害。

　　第六個要討論的是無助絕望的現象。一般而言，當我們的親人深陷絕症的死亡威脅時，通常我們都會希望借助醫療的效果來化解死亡的威脅。如果連醫療都無法化解時，這時我們就會求助神佛的幫忙，希望神佛可以幫助我們化解親人的死厄。一旦醫療和祈求都無效，這時我們就會深深地陷入無助與絕望當中，認為自己根本就幫不上忙。對於這種幫不上忙的感受，在悲傷反應上就表現為無助絕望的心理。面對這種心理，站在悲傷輔導的立場上我們有必要加以釐清。

　　最後，第七個要討論的是孤獨寂寞的現象。對有的人而言，由於他和親人之間的關係過於密切，當遭遇親人死亡的衝擊時，他會認為他在人間已經失去所有的依靠。這時，就算親友不斷地提供關懷與陪伴，他仍然覺得自己非常孤單與寂寞。之所以如此，是因為他認為唯一能夠讓他產生安全感的就是逝去的親人。除此之外，無論關懷與陪伴的人是誰，他們都無法替代逝去的親人。所以，就這一點而言，我們必須從悲傷輔導的立場協助他化解這樣的心結。

　　綜合上述的討論，我們發現悲傷反應的心理層面是複雜的。如果我們對它沒有確實的了解，那麼在判斷上很容易就會產生誤差。本來，如果只是純粹學術研究，那麼這種誤差也就算了，最多就是了解得不確實或錯誤。但是，站在悲傷輔導的角度來看，這樣的誤差就很嚴重。因為，它的目的在於助人，如果有了誤差，那麼這樣的助人作為可能就會失敗，甚至於對被幫助的人產生傷害。因此，我們在判斷心理層面的反應時要特別的小心。

第五節　認知的層面

　　接著，我們進入第三個層面的探討，也就是認知層面的討論。在此，第一個要討論的就是不相信的現象。對有的人而言，雖然他的親人失蹤已久，根據客觀的判斷應該存活機率不高，但是他在主觀上並不希望他的親人這麼輕易就死亡了。所以，這時如果有人果斷地告訴他，他的親人已經死亡的消息，那麼他可能會抱持懷疑的心，認為這是不可能的。對於這種不相信的現象，如果沒有找到確實的死亡證據，我們是很難說服當事人的。

　　此外，還有一種不相信的情形，就是個人主觀的期望。雖然所有的證據都指向他的親人已經死亡，但在他的主觀願望上，並不希望他的親人真的死了。所以，在這種情況下，即使他的親人真的死了，他仍然採取懷疑的態度，認為這樣的消息只是假消息，不值得相信。對於這種不相信的情形，說真的，我們很難直接協助。如果真要協助，那麼就必須深入他的內心世界，看看他為什麼這麼堅信他的親人一定不會死亡的理由，唯有如此，這樣的協助才能產生作用。

　　第二個要討論的就是懷疑、困惑的現象。為什麼有人會有懷疑、困惑的現象出現呢？這是因為親人死亡的不確定。如果親人的死亡是確定的，那麼一般要出現這樣的現象就比較困難。例如在一些意外事故的現場，像飛機在外海失事，由於沒有直接見到親人的遺體，雖然在一般的情況下，親人活命的機會並不太大，但是基於一絲絲的希望，他還是希望親人可以平安歸來。因此，在這種情況下，他對於親人的死亡就會處於半信半疑的懷疑、困惑狀態。

　　不過，這只是懷疑、困惑現象的一種。就我們所知，還有另外一種情形，就是親人的死亡雖然已經確切無疑，但是在當事人的主觀

認知中，他並不希望他的親人眞的已經死了。所以，在這種情況下，無論別人怎麼說，或就算所說的都是事實，他仍然不願意相信。相反地，他還會認爲這是別人故意這樣說的，實際上他的親人依舊活得好好的。對於這樣的人，如果眞的想要幫他的忙，那麼就必須深入了解他爲什麼會這麼相信自己的判斷而不相信別人，難道其中還有一些不爲人知的原因存在？

再來，我們第三個探討的是強迫思念亡者的現象。在這樣的現象中，無論當事人要不要思念亡者，亡者在不知不覺當中就佔滿了當事人的內心。所以，面對這樣的現象，我們就要進一步了解爲什麼當事人這麼思念亡者，以至於除了思念之外就沒有多餘的空間來思考其他的事情。通常，一個人會這麼思念他的親人，是因爲他捨不得他的親人離去，對他的親人依附心理太強，認爲他的親人永遠都應該陪伴著他。但是，沒想到的是，他的親人卻不在他的預期之中就拋下了他，使他無法接受這樣的現實。因此，他唯一能夠做的事情就是，藉著不斷地思念來表示他的親人實際上並沒有離開他。一旦他停止了這樣的思念，那麼親人可能就永遠離開他了。所以，爲了避免這樣的後果出現，他只能不停地思念，讓親人繼續佔滿他的內心。對於這樣的情形，如果我們想要幫助他，那麼就必須設法了解他思念的理由，否則是很難幫上忙的。

另外，還有一種情形，就是思念不是怕親人離他遠去，而是他和親人之間還有一些困擾還沒有解決。如果這些困擾沒有化解，那麼他和親人彼此之間的關係就沒有圓滿的可能。對他而言，這樣的圓滿是很重要的。因此，當他的親人離去，而他們彼此之間的困擾還沒有化解，無論如何，他是不能貿然讓他的親人就這樣離去。所以，他只能藉著不斷地思念來尋找化解他和親人之間困擾的機會。從這一點來看，如果我們希望幫得上忙，那麼就只能針對他思念的原因給予協助。

　　第四個要探討的是幻覺的現象。為什麼會有幻覺出現？其中，最主要的理由是我們還不能接受親人死亡的事實。如果不是這樣，那麼聽到親人的聲音，或是看到親人的身影這樣的錯覺就不會發生。因為，之所以出現這些錯覺，表示我們尚未能接受親人死亡的事實。所以，在這種情況下，如果我們希望提供協助，那麼就必須設法讓當事人了解親人死亡的事實。這麼一來，有關親人還在的幻覺就可能會消失。

　　當然，這樣的現象還是有繼續存在的可能。之所以如此，那是因為這種幻覺可能不是幻覺，而是真的。當它是真的時，雖然這樣的現象不符合當前科學的說法，但是也沒有證據可以確切否認。因此，我們只能從另外一個角度來看，就是當事人和親人之間已經建立溝通陰陽兩界的管道。對於這樣的管道，我們不要任意妄斷真假，只要它對平復當事人的悲傷有所幫助，那麼我們都可以承認這樣存在的價值。

　　除了以上四個現象以外，還有第五個現象需要探討，那就是生命意義的問題。對有的人而言，他本來是肯定生命意義的，但在親人死亡以後，他開始否定生命的意義，認為生命根本就不是他所認為的那樣。面對這樣的問題，如果我們認同他的看法，那麼他可能就會做出一些我們無法想像的事情，甚至傷害到他自己或別人的生命。如果我們不希望這樣，那麼就必須協助他，讓他有機會可以重構他自己的生命意義。

　　那麼，除了這種有關現世的生命意義以外，我們還發現有人還在意永恆生命的問題。例如對中國人而言，人的一生有沒有善盡他的本分是很重要的。如果他善盡了本分，那麼他就會安心地接受死亡的降臨。因為，在他死後，他就會順利成為祖先，永遠享受後代子孫的香火祭祀。可是，他如果沒有善盡本分，那麼他在死後就不會變成祖先，也沒有辦法享受後代子孫的香火祭祀。對他而言，這樣的死亡處境會讓他覺得十分不安。因此，我們有必要協助他，設法幫他化解這

樣的困擾，讓他死得心安。

　　上述的說法只是針對中國人的傳統而言，西方人的認知就不同。對西方人而言，他們在意的不是要不要成為祖先的問題，而是能不能回到上帝那裡的問題。如果他能順利回到上帝的國度，那麼就會讓他安心的死去。如果不能，他就會死得很不安。我們要怎麼做才能幫上他的忙？這時，我們必須針對他的宗教需求協助他，讓他清楚知道要怎麼做才有機會被上帝接納？一旦他對此產生了信心，他就會有機會死得心安。

　　對我們而言，上述有關認知層面的探討讓我們知道認知層面也是很複雜的，針對問題解決是很重要的。因為，如果我們自己就抱持許多認知層面上的成見，那麼對需要協助的人時，就會根據自己的主觀成見提供協助。可是，我們的主觀成見不見得就是當事人的認知。在雙方不相應的情況下，有時這樣的幫助反而適得其反。所以，為了能夠提供合適的協助，我們有必要深入了解認知層面的一切。

 ## 第六節　社會（或行為）的層面

　　最後，我們探討第四個層面，也就是社會（或行為）的層面。那麼，為什麼要把社會和行為分開？雖然社會和行為是一體的，因為沒有只有社會而沒有行為的社會，也沒有只有行為而沒有社會的行為，但是社會和行為還是有所區別。一般而言，社會強調的是群體的一面，也就是人與人的關係，而行為則強調個體的一面，也就是個體自己的表現。基於這樣的分辨，以下開始有關社會（或行為）層面的探討。

　　我們第一個要探討的是哭泣的現象。為什麼我們會把哭泣當成第一個要探討的現象？因為對個人而言，一般在遭遇親人死亡的時候

這是最容易見到的現象。如果一個人在這個時候沒有表現出哭泣的現象，那麼我們很容易就會判斷他不傷心。其實，正如上述所言，他可能不是不傷心，而是受到個人無法接受因素的影響，也可能是受到文化因素的影響，當然也可能是受到與親人之間的複雜關係的影響，所以他才沒有表現出哭泣的樣子。不過，不管怎麼說，在面對這樣傷心的樣子時，要注意的問題就是不要讓當事人悲傷過度。如果過度悲傷，那麼不僅可能影響當事人的身體健康，也可能會危及當事人的生命。因此，在當事人哭泣的時候，我們有必要注意他哭泣的程度。

我們第二個要探討的是食慾障礙的現象。為什麼會出現食慾障礙的問題？這是因為他的注意力完全被親人的死亡所吸引。這時，他會有不同的反應出現，不是食不知味，就是暴飲暴食，要不然就是食不下嚥。無論作為是哪一種，這樣作為的目的就是為了逃避親人死亡所帶來的衝擊。面對這樣的情況，我們要注意他的飲食狀況，避免上述的飲食方式影響他的健康。

接著第三個要探討的是失眠的現象。一般而言，有許多喪親的人都會有失眠的現象發生。之所以如此，是因為喪親對他們的衝擊太大，大到影響到個人的睡眠。對有的人而言，他的失眠是害怕一覺之後就像親人那樣永遠都醒不過來。有的人則不是這樣，他的失眠是來自於不再有睡意，原先的睡意已經遭受親人死亡衝擊的破壞。還有的人，他是害怕獨眠。對他而言，有親人的陪伴是他睡眠的條件之一。現在，親人不在了，不再有人陪他入眠，他當然就會處於失眠的狀態。所以，在失眠的問題上我們要清楚了解每個喪親者的原因，否則很難做相應的協助。

我們第四個要探討的是夢見死去的親人。對有的人而言，由於他和親人之間的關係很緊密，不想就這樣中斷他和親人之間的關係。所以，在睡覺的時候，不知不覺當中就夢見了親人。對於這樣的夢，我們要善用它。因為，它會告訴我們一些與喪親者有關的訊息。例如

他對親人的思念，他擔心親人死後的際遇等等。只要善加利用這些訊息，就可以對喪親者產生很好的協助效果。

第五個要探討的是健忘的現象。本來，一個人在正常情況下，他的記憶力是不錯的，一旦遭遇了喪親事件，這時他的注意力就完全被這個事件所吸引，反而對日常事物不再那麼注意。在這種情況下，他表現出來的就是丟三落四。對於這種健忘現象，只要知道這是喪親之後的反應之一，就不會過度為難當事人，可以讓當事人好好度過他的悲傷。

此外，第六個需要探討的是害怕提起親人死亡的現象。他們之所以害怕提起親人的死亡，是因為每一次的提起都會讓他們再次經歷親人死亡的傷痛。對他們而言，這樣的傷痛是他們承受不起的。所以，為了避免這樣的傷痛再次被喚醒，他們在不知不覺當中就避開了與親人死亡有關的事情，認為唯有這樣他們才能暫時正常生活。對於這樣的情形，有時我們需要尊重當事人，畢竟他需要時間去適應親人的死亡。

以上所提都是屬於個人行為層面的反應，此外還有社會層面需要探討。就這層面而言，我們第七個要探討的是社會退縮的行為。對有的喪親者，當他在面對親人的死亡時，他會對社會失去信心，認為親人的死亡是來自於社會的不公。因此，他和社會就變成一種對立的關係。在這種情況下，他不認為他還需要相信社會，最好的做法就是遠離社會，從此不再與社會往來。面對這樣的情況，我們如果想要協助他，那麼就必須找出對立的原因，才有可能讓他重新接納社會，讓他和社會重新建立正常的關係。

接著第八個要探討的就是維持既有的樣子。對有的人而言，親人的死亡是一個很大的打擊，他會設法透過既有事物的保存來面對這樣的打擊。當他對於原有親人用過或住過的東西或地方維持原樣時，他的內心就會出現一種安全感，認為親人和他的關係依舊。相反地，

113

如果原有的樣子被改變或破壞，那麼他就會頓失依靠，出現更大的悲傷。對於這樣的情況，我們如果想要協助，那麼就應該了解實情再做判斷，以免造成不必要的傷害。

最後，第九個要探討的就是舊地重遊。對有的喪親者而言，他無法接受和死去的親人完全隔絕的狀態。因此，只要有機會他就會想要舊地重遊或睹物思人。對於這樣的現象，我們不要擅自介入，認為這樣的現象一定不是好的。實際上，每個人經歷悲傷的過程都不一樣。有的是選擇逃避，有的是選擇保留。但是，不管選擇的是什麼，只要這樣的作為能夠協助他度過悲傷，那麼這樣的選擇都可以被接受。除非這樣的選擇出問題，過度耽溺於他自身的悲傷，那麼我們才需要做進一步的介入。

經過上述九個現象的探討，我們對於悲傷的社會或行為層面已經有了相當程度的了解。在這樣的了解過程中，我們發現悲傷的社會或行為層面就像其他層面那樣都沒有表面看的那麼單純。實際上，喪親者的表現是曲折而複雜的。既然如此，那麼我們在協助他們之前，就有責任把這些現象弄清楚，以免未來在協助時因為了解錯誤而產生不必要的傷害。

第七節　小結

對我們而言，悲傷不是只有內涵需要探討，它還有外延也需要探討。在這樣的探討中，我們發現有關外延的了解不是一步就到位，而是逐漸完善的。因此，在了解的過程中，才會出現不同的說法。不過，不管說法是什麼，最終我們還是完備了有關外延的內容。也就是說，這樣的內容除了生理層面以外，還包括心理、認知與社會（或行為）層面。

就生理層面而言，我們探討了幾種主要的反應。對一般人而言，在遭遇親人的死亡事件時不出現生理的反應是很困難的。之所以如此，是因為在遭遇親人死亡的事件時我們的身體就會出現一些相應的反應。當這些反應出現時，我們就知道當事人已經處於親人死亡的衝擊之中，進入悲傷的狀態。因此，我們可以從這些反應的詢問當中得知一些有關悲傷的訊息。

就心理層面而言，我們一樣探討幾種主要的現象。在這些探討中，我們清楚知道心理層面的反應要比生理層面來得複雜得多。既然更複雜，那麼在判斷時就必須更加小心。如果我們對於這些現象了解得不是那麼清楚，這時就要保留我們自己的判斷，不要任意而為，以免因為誤判而出現更多的問題。對於這一點，我們在判斷心理層面的反應時是需要多加注意的。

同樣地，在認知層面也是一樣。我們雖然對於認知層面的反應有了不少的探討，但是這樣的探討是一回事，該如何應用、有沒有例外則是另外一回事。如果我們忽略了這一點，那麼在判斷時就會有問題，沒有辦法如實了解現象本身。這麼一來，有關現象的判斷出了問題，自然就會反應在我們的協助上，使得我們的協助沒有辦法產生它應有的效用。對於這樣的問題，這是我們必須特別注意的。

最後，有關社會或行為的層面。在這個層面上，我們一樣體會到它的複雜性。對我們而言，有的反應是我們常常可以看得到的。但是，也有一些反應是我們不常見到的，甚至於可能只有少數人才會有的。不過，無論常見不常見，我們都必須審慎分辨，看哪些是悲傷過程會有的反應，哪些反應是有問題的？一般而言，只要這樣的反應對於當事人沒有造成傷害，我們都應該加以尊重，讓它好好產生療癒的效果。可是，如果這樣的情形超過正常的狀態，那麼我們就要多加注意，看是否有轉介的必要？畢竟我們在做悲傷輔導時，有時是能力有限，千萬不要認為自己是萬能的，沒有解決不了的問題。

8.

化解悲傷的理論：任務論

第一節　前言

　　在上一章我們討論了悲傷的外延層面。之所以要討論這個層面，是因為悲傷不是只有內涵的部分，也有外延的部分。如果只知道內涵的部分，而不知道外延的部分，那麼在悲傷的理解上就會陷入抽象的狀態。但是，對我們而言，我們的目的不是抽象地理解悲傷的內容，而是要具體地理解悲傷的內容。之所以如此，主要是為了悲傷輔導的需要，那麼當然就要深入悲傷的外延部分。唯有如此，才能具體地實踐有關悲傷輔導的任務。

　　不過，在實踐悲傷輔導的任務之前，還有兩個問題需要解決：第一個是相關理論的問題；第二個是相關方法的問題。在此，我們所要討論的就是相關理論的部分，至於和相關方法有關的部分，就留到下一章再討論。為什麼在討論上我們要做這樣的安排？其實是有它的理由的。對我們而言，既然要提供悲傷輔導的服務，就必須先清楚知道悲傷輔導的理論。這麼一來，我們才有能力解決悲傷的問題。如果沒有先行了解化解悲傷的理論，那麼對於悲傷要如何化解就沒有概念，自然也就沒有辦法提供相關的服務。一旦有了化解悲傷的理論作為先行，那麼自然就會知道要用什麼方法才能產生效果。

　　那麼，和悲傷輔導有關的相關理論有哪些？就我們所知，如本能論、依附論、階段論、任務論、意義論等等。但哪個才是與悲傷輔導密切相關的呢？對於這個問題，有待下面做進一步的探討。在這裡，我們要知道的是，有的理論的重點放在人為什麼會產生悲傷問題的解釋上，有的重點放在人處在悲傷過程中會有什麼樣的問題發生的解釋上，有的重點則放在人要如何才能安然度過悲傷的解釋上。無論這些理論的重點是什麼，對我們而言，最在意的還是如何化解悲傷的問

題。因為，只有這個問題最能滿足我們的需求，也才能讓我們在悲傷輔導時產生輔導的效用。至於其他的理論，則只具參考價值。

 ## 第二節　相關理論的選擇：任務論

　　從上述的舉例，我們已經知道有關悲傷輔導的相關理論有許多。但在這麼多的理論當中，到底應該選擇哪一個才比較合適？其實，對於這個問題需要我們做進一步的探討。因為，如果沒有經過詳盡深入的探討，那麼所選擇的就很難有理有據地說服別人。所以，我們需要逐一批判上述所列的種種理論，看哪一種理論才適合我們的需要，也才能為我們化解悲傷的問題。

　　首先，我們從本能論探討起。對本能論而言，它認為悲傷是一種本能。為什麼呢？這是來自於觀察動物反應的結果。根據它的觀察，有些動物在喪親時會有悲傷的反應，而這種反應不可能是透過學習而來。因此，對於這種不學而能的反應，就稱為本能的反應。同樣地，人也有動物的一面。當他在遭遇喪親的事件時自然也會出現悲傷的反應，而這當然也應該從本能的角度來解釋。

　　如果悲傷是一種本能反應，那麼對人來說具有什麼樣的作用？對人而言，悲傷表示我們對於逝去的人是有反應的。之所以如此，這是因為逝去的人不是不相干的人，而是和我們有緊密關係的人。對於這樣的人的逝去，他會對我們產生衝擊。為了避免這樣的衝擊太過直接，以至於傷害到我們，本能就藉著悲傷的反應來降低衝擊。不僅如此，在衝擊過後，經過一段時間的悲傷，我們就能逐漸適應這樣的衝擊，恢復正常的生活。所以，悲傷不僅可以讓我們緩衝喪親的衝擊，還可以讓我們安然度過悲傷。

　　那麼，這樣的作用在悲傷輔導上有什麼樣的意義？由於悲傷是一

種本能反應，這就表示這樣的反應是自然的。在自然的情況下，它會不知不覺地出現，也會不知不覺地消失，一切都在自然的安排之中。可是，這麼一來，這表示人為的悲傷輔導是沒有必要的。因為，一切都會自然來自然去，所有的悲傷在不知不覺當中就會自動解決。既然如此，我們還有必要加以人為的介入嗎？基於這樣的理由，對本能論而言，悲傷輔導的存在似乎是多餘的。

這麼說來，在本能論的引領下，似乎沒有必要借助悲傷輔導來化解悲傷。可是，有人會說人的悲傷雖然是本能，但這樣的本能已經不像過去那樣可以正常運作，它常常會受到來自人為因素的干擾，使得它的運作不正常，以至於失去化解悲傷的能力。所以，為了讓本能的運作可以恢復正常，具有化解悲傷的能力，還是需要悲傷輔導的存在。

根據這樣的說法，悲傷輔導似乎還是有存在的必要。如果真是這樣，那麼悲傷輔導要怎麼做才能產生效用呢？面對這個問題，本能論的回答就是要找出本能運作不正常的原因並加以化解，那麼本能就可以恢復正常運作，到時，悲傷也就可以自然化解。表面看來，這樣的回答似乎還蠻合理的。因為，找到原因的確是解決問題常見的做法。

可是，要找到原因有那麼簡單嗎？對人而言，人不僅是動物，還是理性的動物。所以，人的悲傷不僅是本能，也和人的觀念想法有關，其複雜程度遠遠要超過了動物。這時，如果只從本能的角度去思考，那麼就算真的找到了原因，也沒有能力化解悲傷的問題。因為，人的悲傷已經不是本能可以完全解釋的，它還包括人為的因素在內。如果真要解決悲傷的問題，那麼只能從本能之外去尋找，而不能停留在本能之中。

除了本能之外，還可以有什麼樣的角度協助我們化解悲傷？對此，有人就設法從依附的角度來思考問題。從這個角度來看，依附的關係隨處可見。無論是動物或人類，在他們的幼年時期，常常可以見

到幼年的動物或人類對於母親這種成年角色的依賴。當幼年的動物或人類在失去母親這種成年角色時，就會表現出悲傷的樣子。從這樣的現象來看，悲傷反應的出現顯然是來自於原先依附關係的消失。

那麼，這樣的依附關係具有什麼樣的作用？就我們所知，這樣的依附關係可以產生安全感。對於幼年的動物或人類來說，他們對自己的生存是沒有安全感的。可是，在對母親這種成年角色的依賴中，他們開始有了安全的感覺，並且有很強烈的需求。這時，如果不小心出現必須與母親這種成年角色分離的現象，那麼他們不僅會出現焦慮的現象，還會產生悲傷的反應。面對這種情形，如果這時母親這種成年角色又出現了，那麼他們就會恢復正常，又有了安全感。由此可見，依附關係不僅可以解釋人的正常現象，還可以解釋人的悲傷現象，更可以解釋人如何從悲傷中恢復正常。

根據這樣的看法，我們可以確定悲傷輔導的確有存在的必要。對它而言，悲傷輔導的首要任務就在於處理依附關係的問題。當一個人失去了依附關係以後，那麼他就會出現悲傷的反應。這時，如果要化解他的悲傷，那麼就必須協助他找到新的依附關係。倘若他找不到新的依附關係，那麼要讓他化解悲傷就不可能。因此，如何協助悲傷的人找到新的依附關係是很重要的。只要我們有能力幫他找到新的依附關係，那麼要化解他的悲傷就不是什麼太難的事情了。

這麼說來，尋找新的依附關係就成為悲傷輔導最重要的事情。可是，只找到依附關係就夠了嗎？難道悲傷輔導除了依附關係要處理以外，就沒有別的問題要處理了嗎？在此我們發現，悲傷輔導要處理的問題不只是依附關係而已，它還需要處理人與人之間彼此對待的關係，還有個人的成就。如果沒有處理好這些問題，那麼要化解所有的悲傷就不可能。所以，在悲傷輔導上，依附關係的說法只是講到一個處理的重點，並沒有觸及所有處理的重點。

如果依附理論也不是那麼合適，那麼還可以找到什麼樣的理論？

或許有人會說階段論可能是合適的。真是這樣嗎？對階段論而言，它所以提出也是來自於觀察臨終癌末病患的結果。最初，它發現臨終癌症病患在面對死亡時會有悲傷的反應出現。為了了解這樣的反應到底情況為何，在經過長期觀察之後發現，這些臨終癌末病患都會出現一些階段性的情緒反應。在這樣的觀察基礎上，遂提出了階段論的說法。

階段論有什麼樣的作用？對階段論而言，它發現這個階段是人在面對死亡時的必經過程。一個人如果可以順利通過這些過程，那麼他最終就可以順利接受死亡。可是，如果他做不到這一點，在過程中遭遇一些阻礙，那麼他就很難順利接受死亡。因此，在它的看法中，一個人是否可以順利通過這些過程，是一個人是否可以順利經歷悲傷的關鍵。如果他可以順利通過，那麼他的悲傷自然就可以順利獲得化解。如果不能，那麼他的悲傷自然就沒有辦法順利獲得化解。所以，對它而言，這個階段的作用就在於判斷一個人是否已經順利通過悲傷，恢復正常。

根據這樣的說法，悲傷輔導的存在是必要的。對於那些不能順利通過這個階段的人，他們的確需要悲傷輔導的協助，否則他們就不知道該如何化解悲傷？所以階段論認為，我們確實需要悲傷輔導的存在。在悲傷輔導的協助下，對於那些不能順利通過這個階段的人，我們會設法幫他們找到不能順利通過的原因，再針對這些原因做處理，最後協助他們順利通過。由此可見，只要我們能夠針對這個階段做處理，使那些不能順利通過的人通過，那麼悲傷輔導就完成了它的任務。

可是，這樣的說法真的能夠滿足我們的需求嗎？對我們而言，悲傷有時確實會表現出階段性的樣貌，但不是所有的悲傷都是如此。實際上，有的悲傷是和階段無關的。例如依附關係、個人成就的問題，這些都不是階段論可以說明的。因此，如果我們希望用階段論來說明

一切，那麼這樣的說明注定是要失敗的。此外，階段是一回事，化解
悲傷則是另外一回事。階段只能說明悲傷有哪些階段，並不能說通過
這些階段悲傷就會自動化解。如果我們希望能夠如實了解化解的原
因，那麼還是需要借助更進一步的探討。

如果階段論還是不足以化解悲傷的問題，那麼還有什麼樣的理論
可以選擇？對此，有人認為意義論可以參考。為什麼他會這麼認為？
這是因為他發現人是理性的存在。對這樣的存在而言，意義的建構是
他的天性。如果他這一生能夠成功建構他所要建構的意義，那麼他就
會活得很安心。相反地，如果他沒能成功建構他所要的意義，那麼他
就會活在不安之中。因此，有關意義的建構就成為他能不能活得安心
的關鍵。對於這種意義建構的說法，每個人只要回到他的生活經驗當
中就可以隨處體會得到。既然如此，那麼我們用意義論來解釋悲傷的
作為就是有根有據的。

意義的建構到底有什麼樣的作用？就我們所知，第一個作用就是
讓我們不要活得很盲目。當我們有了意義建構以後，在生活當中我們
就會不斷地追尋意義，而不會像動物那樣只是活著。不只如此，除了
讓生活有目標以外，它還有幫我們療傷止痛的作用。對我們而言，在
建構意義的過程中，不是所有的建構都是順利的。面對那些不順利，
我們就會有不安的反應出現。這時，只要有人提供協助，幫我們建構
出所要的意義，那麼這樣的建構就會出現療傷止痛的作用。所以，在
悲傷的化解上，我們可以尋求意義論的協助。

根據這樣的理解，我們知道意義論是同意悲傷輔導的作為。因
為，不是每個人在意義建構上都會成功。有時候，我們在意義建構上
就會失敗。當我們失敗的時候，不見得就有能力從失敗中重新站起
來。這時，悲傷輔導就可以使得上力，協助我們重新建構意義，一方
面幫助我們釐清我們想要建構的意義是什麼，一方面幫我們找出建構
過程中所遭遇的障礙，應該怎麼排除才好。經過這樣的過程，我們就

有機會重新建構我們所要的意義。對我們而言，這就是療傷止痛的過程。

如果上述的理解沒錯的話，那麼意義論是不是最適合我們需要的理論呢？表面看來，答案似乎是肯定的。因為，我們活著的過程的確都在做著意義建構的事情。當這樣的建構順利時，我們就會高興。如果不順利時，我們就會悲傷。這時就需要悲傷輔導幫我們重新建構意義以恢復正常。可是，在此還是有一些疑問，就是有關意義的說法會不會太過抽象了一點？在意義之外會不會還有別的？這樣的建構是一種新建還是一種回歸？如果是新建，那就表示這樣的意義建構是一種創造，而創造就不會和原有的完全一致。在這種情況下，悲傷輔導就沒有辦法產生真正恢復的效果。如果是回歸，那就表示意義建構只是重回原初的狀態。在這種情況下，悲傷輔導當然就有能力回到最初的狀態。那麼，它到底傾向哪一邊的解釋呢？看起來，它似乎更傾向前者。

為了化解上述意義論過度抽象的問題，我們選擇回到任務論的說法。對任務論而言，人生似乎就是一種任務的集合。當人們有了任務的感受以後，人生就會過得更有意義。如果任務順利完成，那麼人生就會因著任務的完成而喜悅。如果任務沒有順利完成，那麼人生就會因著任務的沒有完成而悲傷。對於這樣的任務體會，說真的，只要人們認真一點過活，就會有切身的感受。因此，基於這樣的經驗，我們可以說任務論的提出也是有根有據的。

那麼，任務的作用是什麼？初步來看，正如上述所說，任務可以讓我們的人生有目標，使我們生活得有意義。不過，除了這個作用以外，任務還可以讓我們過得正常。當我們順利完成任務時，這時我們就會覺得自己活得很有意義。相反地，我們會覺得自己活得很沮喪，很憂傷。為了化解我們的憂傷，如何讓任務順利完成就是一個很重要的關鍵。由此可知，任務的另外一個作用就是讓我們恢復正常。

　　如果是這樣，我們就可以說任務論是同意有悲傷輔導的作為。因為，不是每個人都可以順利完成他們自己的任務，有時候這樣的任務是無法獨自完成的。對於這種自己所無法完成的任務，如果不藉著悲傷輔導的協助，那麼它就會永遠處於無法完成的狀態。對當事人而言，這樣的狀態是會讓他悲傷的。所以，在這種情況下，悲傷輔導就可以協助他檢視沒有完成的任務是什麼？其中的障礙是什麼？要如何做才能順利完成？經由這樣的協助，原先悲傷的人就有機會恢復正常。

　　在此，我們發現任務論要比意義論來得具體許多。對意義論而言，它在意義的解釋上就沒有那麼具體。由於不夠具體，導致我們在理解與執行時容易產生一些困難。但是，任務論就不一樣。對它而言，它不做單純抽象的規定，而會提供一些具體的原則。藉由這些原則的幫忙，我們就可以比較具體地掌握悲傷所由來的原因。在了解這些原因之後，我們就可以進一步找出實現任務的障礙，並提供化解的策略。所以，對我們而言，任務論就成為我們選擇化解悲傷的理論。

 ## 第三節　四項基本任務

　　經過上述的探討發現，要完成悲傷輔導的任務不能只是了解悲傷的內涵和外延，我們還要了解如何化解悲傷的理論。因為，只有在了解化解悲傷的理論以後，才能了解悲傷應如何化解，由此，也才能找到化解悲傷的相應方法。因此，對於化解悲傷理論的選擇就變得很重要。如果我們選到合適的理論，那麼對於悲傷的化解就會比較容易。如果選錯了，那麼對於悲傷的化解就會變得比較困難。基於上述的考量，在此我們選擇了任務論作為化解悲傷的理論。

　　那麼，任務論是怎麼看待悲傷的？從前面的探討可知，任務論在

看待悲傷時，認為人有一些任務需要完成。如果順利完成這些任務，那麼他就不會出現悲傷的反應。如果沒有順利完成這些任務，那麼他就會繼續耽溺在悲傷之中。所以，如何協助他完成這些任務是很重要的。那麼，這些任務包括哪些？基本上，有四個主要的任務：第一個任務是接受失落的事實；第二個任務是經歷悲傷的痛苦；第三個任務是重新適應一個逝者不存在的新環境；第四個任務是將對逝者的情感重新投注在未來的生活上。一個人只要能夠順利完成這四項任務，那麼他就可以安然度過悲傷，重新恢復正常生活。以下，我們逐一說明。

首先，說明第一個任務，也就是接受失落事實的任務。照理來講，人死了就死了，這是一個事實，沒有接受不接受的問題。可是，人和動物不一樣，人不會只是單純地承認死亡的事實，而會對死亡的事實加以主觀的判斷。如果他認為這個事實就是真的事實，那麼他就會加以接受。如果他認為這個事實不是真的事實，那麼他就不會予以接受。所以，在面對親人死亡時，他必須加以認定看要不要接受？基於這樣的認識，任務論才會認為有關失落事實接受與否的問題，是我們在面對悲傷時第一個要考慮的任務。

如果接受失落的事實就是我們面對悲傷的第一個任務，那麼在這裡我們就有兩種情況要考慮：一種是接受失落的事實；一種是不接受失落的事實。就第一種情形而言，一般人在遭遇親人死亡時，基本上他們都不會對這樣的死亡產生質疑，而會選擇相信。之所以如此，是因為他們可能已經預知親人即將死亡的事實，也可能是他們已經親眼目睹親人死亡的事實。無論原因是哪一種，至少在親人死亡這個事實上他們是不會採取拒絕接受的態度。

不過，接受親人死亡的事實是一回事，會不會悲傷則是另外一回事。對有些人來說，當他知道親人已經死亡的訊息，他會有悲傷的反應出現，對有些人卻不會有悲傷的反應出現。無論他有沒有悲傷的

反應出現，事實上並不妨礙他認定親人已經死亡的事實。由此可知，對於親人死亡事實的接受，並不代表他一定就會悲傷或不會悲傷，而要看他和親人之間的關係到底如何而定。在此，我們唯一確認的事情就是他對親人死亡的事實是接受的，這就表示他已經完成了第一個任務。

就第二種情形而言，有的人在親人死亡時會採取否定的態度，認為這不是真實的。對於這樣的反應，以任務論的觀點他就是沒有接受失落的事實。既然沒有接受失落的事實，那就表示他並沒有完成第一個任務。對於這樣的情況，任務論認為我們應該協助他完成這樣的任務。如果沒有協助他，那麼他就沒有辦法完成他的任務。這時，在整個悲傷的處理上他就會一直走不出他的悲傷。因此，為了讓他可以順利度過悲傷，我們需要提供悲傷輔導的協助。

那麼，這種沒有辦法接受失落事實的情形有哪些？對此，我們可以從兩方面來看：一方面就是從存在的角度來看，另一方面就是從意義的角度來看。從存在的角度來看，它又可以分為三種：一種是拒絕承認親人的死亡；一種是採取替代的方式；一種是否認死亡的不可逆。從意義的角度來看，它又可以分為兩種：一種是採取否定親人的正面存在意義；一種是採取選擇性遺忘的做法。以下，我們分別加以敘述。

我們先從存在的角度來看。就拒絕承認親人死亡這種情形來看，如果是因為一時之間無法接受衝擊，那麼這種情形還好。等過了這一段時間他就會接受，任務自然也完成。可是，情形如果不是如此，而是根本就拒絕承認親人的死亡，那麼就必須接受悲傷輔導的協助，否則很難完成任務。當然，他的拒絕承認有時也是可以了解的。因為，他們的關係可能太過緊密，有時甚至有過承諾，因此導致他無法接受。

除了上述這種情形以外，還有採取替代方式所造成的拒絕承認

的情形。對當事人而言，表面看來親人死亡似乎是個事實，但骨子裡他根本就不認為親人已經死亡。這時，他就會有一些奇怪的舉動，例如在孩子身上看到親人的身影，彷彿親人還活在人間。對於這樣的現象，如果我們沒有透過悲傷輔導加以介入，那麼要當事人本身自行完成這樣的任務，實際上是不可能的。

此外，還有透過拒絕承認死亡的不可逆性來否認親人死亡的情形。對當事人而言，他雖然意識到親人死亡的事實，但他總覺得親人應該還可以再活過來。如果暫時沒有活過來，那麼這種暫時只是時機未到，並非不可能實現。對於這樣的情形，如果我們希望他能自行完成任務，這是不可能的事情。除非我們透過悲傷輔導的作為介入，否則任務根本就沒有完成的可能。

其次，再從意義的角度來看。正如上述所言，這種情形有兩種。我們先討論第一種情形，也就是否定親人存在的正面意義。對當事人而言，如果是在正常情況下，他當然就很清楚人總是有好有壞。可是，等到人死了以後，為了避免對自己產生過大的衝擊，這時他可能會採取否定親人存在正面意義的做法，認為親人根本就不好，或彼此關係不親。既然親人不好或彼此關係不親，那麼對於這樣的人的死亡就不需要太過在意。藉由這樣的做法，他否定了親人已經死亡的事實。這時，如果我們不希望他繼續處於這樣的狀態，那麼就必須藉由悲傷輔導的作為來協助他，讓他有機會完成任務。

接著討論第二種情形，即當事人採取遺忘的策略，認為只要把與親人相關的事情忘記了，那麼親人的死亡對我們就不會產生衝擊。事實告訴我們，這樣的策略是不會成功的，他只能緩和衝擊，並不能讓親人死亡的事實變成不是事實。所以，如果我們希望他能順利完成任務，那麼就必須透過悲傷輔導的作為來協助他，這樣他才有機會完成任務。

經過以上的說明，我們大致了解第一個任務的內容，以及為什

麼要把這個任務放在第一個的理由。對任務論而言，它的重點在於說明人要怎麼做才能順利度過悲傷。就這一點而言，接受死亡的事實就很重要。如果我們根本就不接受死亡的事實，那麼要當事人出現悲傷的反應就不可能。在不可能的情況下，他就會受困於悲傷之中而不自知。在無形當中，他的生活就會出現變化，使他無法正常生活。因此，為了讓他可以正常生活，我們有必要借助悲傷輔導的作為協助他完成這個任務，讓他接受親人死亡的事實。

其次，說明第二個任務，也就是經歷悲傷痛苦的任務。對一般人而言，只要從確認的那一刻起，他自然就會產生悲傷的反應而感受到痛苦的衝擊。至於在遭遇親人的死亡而完全沒有悲傷的反應，對於這樣的情形，說真的，就叫人有點匪夷所思。不過在遭遇親人死亡時確實有人會有這樣的現象出現，實在有必要加以了解。因為，如果我們不了解這樣的情況，那麼對於所謂的第二個任務就不會有清楚的認識。

為什麼經歷悲傷的痛苦就是第二個任務？這是因為在承認親人的死亡以後，我們在悲傷的衝擊下自然就會覺得痛苦。可是，不是每個人都會願意接受這樣的痛苦。相反地，有的人寧可採取逃避的做法，也不願意接受這樣的痛苦。因此，就任務論而言，它才會在第一個任務，也就是承認親人死亡的事實以後，接著把經歷悲傷的痛苦放在第二位，當成第二個任務來看。

如果是這樣，那麼在第二個任務中人們會遭遇什麼樣的挑戰？根據任務論的研究，至少有以下三種情形：第一種就是藉由否認親人的死亡來逃避經歷悲傷的痛苦；第二種就是雖然承認親人死亡的事實，但卻藉由美化的做法來逃避經歷悲傷的痛苦；第三種就是雖然承認親人死亡的事實，但卻藉由移轉注意力的方法來逃避經歷悲傷的痛苦。以下，我們逐一說明。

就第一種情形而言，有人的確會藉由拒絕承認親人死亡的事實來

逃避經歷悲傷的痛苦。那麼，為什麼他們要這麼做呢？這是因為經歷悲傷的痛苦太巨大，甚至大到他們無法承受。所以，最好的解決策略就是拒絕承認親人死亡的事實。對他們而言，只要拒絕承認親人死亡的事實，那麼在親人沒有死的情況下，當然就不會出現悲傷的反應，自然也就不用經歷悲傷所產生的巨大痛苦。

　　就第二種情形而言，有的人發現對於親人死亡的事實很難否認，不過他們也有應對策略，就是美化親人的形象，讓親人處在完美的狀態中。對他們而言，如果親人是這麼地完美，那麼在回想他的時候，就應該抱持愉悅的心情，而不是悲傷的心情。這麼一來，有關喪親所帶來的悲傷與痛苦自然就會消失。對他們而言，這樣的做法有助於他們避開親人死亡所帶來的痛苦衝擊。

　　就第三種情形而言，有的人發現想要否認親人的死亡並不容易，在無法否認的情況下，又不想經歷悲傷所帶來的痛苦。這時，他們採取的策略就是轉移注意力。因為，只要不要把注意力放在親人死亡的事件上，而轉移到其他的地方，那麼有關親人死亡所帶來的悲傷和痛苦就會被遺忘。這時，他們就不用遭受喪親所帶來的悲傷和痛苦的折磨。

　　經過上述的探討，我們知道經歷悲傷的痛苦為什麼會被任務論看成是第二個任務。這是因為如果沒有經歷悲傷，就不會有痛苦出現，自然也就不會確認親人真的已經死亡，永遠離我們而去。可是，一旦經歷了悲傷的痛苦，就會清楚知道這樣的悲傷和痛苦是無法避免的。既然無法避免，那麼唯一要做的事情就是確確實實地經歷它，而不是逃避它。如此一來，才能在經歷悲傷痛苦的過程中逐漸接受親人死亡的事實。

　　再來說明第三個任務，也就是重新適應一個逝者不存在的新環境。為什麼重新適應親人不在的新環境是第三個任務呢？這是因為親人的逝去不會只帶來悲傷與痛苦，而且在經歷悲傷與痛苦之後，還需

要適應沒有親人存在的新環境。如果無法適應這樣的新環境，就表示我們還沒有辦法完全接受親人已經死亡的事實。所以，為了確認我們是否已經完全接受親人死亡的事實，任務論才會把重新適應親人不在的新環境看成是第三個要完成的任務。

接著要探討的是，在這個任務當中它包含什麼樣的內容？就我們所知，它包含的內容可以有三個方面：一個就是與生活適應有關的方面；一個就是與自我調適有關的方面；一個就是與心靈重建有關的方面。為什麼是這三方面？這是因為它包含了人在重新適應沒有親人存在的新環境時所會遭遇到的一切。在適應的過程中，由外而內逐一調整，重構人的生存能力。

就第一個方面而言，人要適應沒有親人存在的新環境不是那麼容易。因為，在生活上就會遭遇一些挑戰，例如沒有親人的生活照顧，當事人可能就會認為自己沒有能力照顧好生活。這時，除非我們可以協助他，讓他自己重新建立生活的信心，認為自己真的有能力可以過好自己的生活。否則，在沒有親人照顧的情況下，他可能很難獨自生存。當然，不是所有喪親的人都會這樣。不過，對有的人來說，這真的是一個需要解決的問題。

就第二個方面而言，人除了有生活需要適應以外，他內在也有一些需要調整的部分，例如個人自我認同的問題。對有的人而言，喪親事件並不會影響他的自我認同。但對有的人而言，喪親事件確實會影響到他自我認同的問題。之所以如此，是因為他比較依賴親人。當親人還在的時候，他有親人可以依靠，所以在判斷事情的時候沒有問題。可是，在親人死去以後，他就失去了依靠，這時對事情就不知道應當如何判斷和處理。所以，對他們而言，他們必須調整自己有關認同的問題。

就第三個方面而言，除了調整自己的自我認同以外，還有世界觀重建的問題。對有的人而言，他們確實沒有這樣的問題。因為，他

們認為親人的死亡和他們對這個世界的看法無關。因此，親人的死亡不會衝擊到他們對這個世界的看法。不過，有的人就不一樣，親人的死亡往往會衝擊到他們對這個世界的看法。當這個衝擊出現時，他們可能就會質疑這個世界，甚至否定這個世界。這時，如果我們沒有協助調整，那麼他們原有的世界觀就沒有辦法延續下去。當然，如果這樣的世界觀不值得延續下去，那麼對它加以改變也沒有什麼不好。但是，如果這樣的世界觀是他們賴以生存的基礎，那麼設法協助他們重構就變得很重要。因為，只有這樣，他們才能好好地活下去。

基於上述的探討我們就可以知道，為什麼任務論會把重新適應親人不在的新環境看成是第三個任務。它之所以這樣看，是因為如果沒有把重新適應親人不在的新環境看成是第三個任務，那麼就算經歷了悲傷的痛苦，我們也不一定可以好好地在這個世界上生存。由此可見，第三個任務的完成是很重要的。唯有如此，我們在生活上才不會停留在自己私有的空間，而可以與外在的世界正常交流。

最後，我們說明第四個任務，就是將對逝者的情感重新投注在未來的生活上。如此，我們自然就會產生一個疑問，就是第三個任務的完成不是已經讓我們可以正常地回到日常生活上，為什麼還要提及第四個任務，認為只有這樣的回歸還不夠，它還需要讓我們把對逝者的情感重新投注到未來的生活上。對於這個問題，我們的回答是，如果只有生活的回歸，那麼這樣的回歸只是一種動物式的回歸，而不是人的回歸。如果要做到人的回歸，那麼還需要把對生命的熱情回歸給生活。當我們可以做到這一點時，生活才會變成生命的希望所在，我們也才能開展一個全新的生活。

那麼，這樣的任務應該包含哪些內容？對任務論而言，只有一個內容，就是不要讓當事人停留在與親人的回憶當中，彷彿人間一切美好的事物都已經隨著親人的逝去而逝去。如果可以做到這一點，那麼當事人就會發覺生活還是美好的，它還有更多的未來可以創造。如果

做不到這一點，那麼當事人就會被侷限在過去，永遠也不會有想要走向未來的動力。因此，如何讓我們的親人成為我們走向未來的動力而不是阻礙，對任務論而言是很重要的，也是讓我們可以安然度過悲傷的最後一個任務。

經過上述四個任務的探討，我們發現任務論對於悲傷的化解的確著力甚深。對它而言，親人的死亡雖然不一定會對當事人帶來困擾，但是對於有困擾的人我們就應該提供相應的協助。如果都沒有提供任何相應的協助，那麼對那些深陷悲傷的人就會帶來後續生活的困擾，甚至於造成社會未來的困擾。對我們而言，這些都不是悲傷輔導應有的態度。所以，站在悲傷輔導的立場上，我們有必要經由這四個任務的完成來化解當事人的悲傷情境。

第四節　反省與再思考

對於任務論的相關內容我們已經有了相當程度的認識。基於這樣的認識，我們是否就可以說任務論是一個非常完美的理論，它已經幫我們解決所有與悲傷有關的問題。實際上，要做出這樣的判斷還遠遠不夠。因為，我們並沒有對任務論做進一步的反省批判，也不知道上述所說的內容是否完美無缺。如果我們希望做到這一點，那麼就必須對任務論的內容做進一步的反省與批判。

根據上述的探討，我們知道第一個任務就是接受失落的事實，也就是接受親人死亡的事實。正如我們所說，一般人在親人死亡時確實會根據事實來認定。但的確有人會成為例外，他們會根據自己主觀的判斷來決定。對依據主觀認定來判斷的這些人，無論他們的原因是什麼，他們確實需要悲傷輔導的協助。如此一來，他們才能客觀接受親人死亡的事實。就這一點而言，任務論的第一個起點是很正確的。

　　不過，第一個任務的正確不表示第二個任務也一樣正確。爲什麼會這麼說？這是因爲接受親人死亡的事實是一回事，會不會產生悲傷則是另外一回事。對一般人而言，在接受親人死亡的事實以後，確實很容易就會引起悲傷。可是，對有的人就不一樣，他可能是因爲有問題所以無法悲傷，也可能是超越了所以不用悲傷。這時，如果我們都一視同仁地把他們都看成有問題，那麼這樣的對待方式在悲傷輔導上就顯得有點粗疏。對我們而言，這樣的粗疏是必須進一步分辨的，才不會產生不必要的困擾。

　　就第三個任務而言，我們發現它很正確地注意到一個問題，就是喪親的人在喪親之後仍然需要活在這個世界上，他仍然需要繼續生存下去。這時，如果他沒有辦法適應親人不存在的新環境，那麼他可能就無法好好地在世界上生存。所以，如何協助他可以好好地在這個世界繼續生存下去，就成爲悲傷輔導的一個重點。就這一點而言，任務論是看得很正確的。雖然如此，這不表示任務論的判斷都沒有問題。其實，任務論主要依據的是西方的經驗。站在台灣經驗的立場來看，有時生活的適應就不是太大的問題。之所以如此，主要是因爲西方的生存環境和我們不一樣。對西方人而言，人與人的關係是疏離的，生活的便利性也不如我們。相反地，對我們而言，人與人的關係是比較緊密的，生活的便利性是比較好的。所以，生活的適應也比較不成問題。

　　至於第四個任務，對於我們和親人關係的處理，也有一些和任務論不同的看法。對任務論而言，它很正確地指出我們不可能否認我們與親人的親密關係，也不可能把親人的一切都遺忘掉。事實上，對我們與親人關係的處理最好的做法就是保存它，讓它在我們的內心佔有一片空間，甚至於讓它和我們一起共度未來。雖然如此，這不表示它的說法就沒有問題。

　　爲什麼我們會有這樣的質疑？主要是受到背後預設不同的影響。

對任務論而言，科學觀點是一個不可質疑的觀點。可是，這樣的觀點真的不可質疑嗎？就我們所知，答案顯然不是如此。之所以這樣，是因爲科學的觀點有兩種：一種是侷限於感覺經驗以內，認爲只有感覺經驗得到的才存在；一種是認爲即使感覺經驗不到，但在感覺經驗以外仍然有存在的可能。既然它有兩種，那麼爲什麼它要自限於第一種而不採取第二種？由於它只採取第一種，所以它認爲逝去的親人如果要保留在我們心中，那麼這種保留只能是一種回憶，而不能有客觀存在的意義。如果喪親的人在回憶之外，還認爲親人繼續存在另外一個世界，那麼任務論就會認爲這個人並沒有完全完成悲傷的四個任務。實際上，他可能已經完全走過他的悲傷。

 ## 第五節　小結

　　對我們而言，要結束這一章真的不是那麼容易，主要原因在於這一章討論的是理論的部分。由於悲傷輔導有許多相關的理論，在我們選擇時就會顯得很猶豫，到底要選什麼樣的理論才合適？如果我們選的理論不恰當，那麼在悲傷輔導上就很難產生好的效用。相反地，如果我們選的理論很合適，那麼在悲傷輔導上就可以產生很好的效用。所以，相關理論的選擇是很重要的。

　　經過冗長的討論之後，我們終於在各種理論當中選出了我們認爲比較合適的，也就是所謂的任務論。當然，我們之所以選出任務論有我們的考量。因爲在各種理論當中，只有任務論最能針對悲傷輔導的需求來處理。至於其他的理論，不是沒有直接針對悲傷輔導的輔導需求，就是太過抽象，不夠具體。對我們而言，所謂的輔導就應該能夠滿足具體可行的要求。

　　在決定任務論以後，我們進一步探討任務論當中的四個主要任

務，也就是接受失落事實的任務、經歷悲傷痛苦的任務、重新適應一個沒有親人存在的新環境、將對親人的情感重新投注於未來的生活上這四個任務。當一個人可以順利完成這四個任務，那就表示他已安然度過悲傷。如果他沒有，那麼就必須在悲傷輔導的協助下他才有可能安然度過悲傷。無論如何，對任務論而言，如何協助悲傷的人順利完成這四個任務是很重要的。

最後，我們還要反省與批判上述的理論。之所以要這麼做，是因為每一種理論都會有它的限度。如果不清楚它的限度，那麼未來在悲傷輔導上就會有所疏漏，而且可能因為這些疏漏的影響，使得我們所做的悲傷輔導無法達成應有的效用。為了避免這些疏漏影響我們，需要對任務論做進一步的反省與批判。

經過進一步的反省與批判後，我們發現任務論真的有一些疏漏，例如從第一個任務到第二個任務之間的關係。依據任務論的想法，只要接受失落的事實就一定會有悲傷的反應出現。實際上，情況不全然如此。例如對於超越生死的人而言，這樣的接受不見得就會引起悲傷的反應。此外，像第四個任務，它認為有關親人的存在只能停留在個人的內心，而不能有客觀的存在。如果還殘留著客觀存在的想法，那就表示他還沒有完全通過第四個任務的要求。實際上，這樣的判斷只是一種比較狹隘的判斷。根據科學本身的說法，有關感覺經驗的理解有兩種：一種完全訴諸於感覺經驗的存在；一種則允許感覺經驗以外的存在。如果我們不要自我限制於感覺經驗的說法，那麼對於逝去的親人存在另外一個世界的說法也就有接受的可能。

9.

化解悲傷的方法

第一節　前言

從上述的探討可知，我們在探討悲傷輔導時不只是要了解悲傷是什麼的問題，也不只是要了解人為什麼會有悲傷的問題，更不只是要了解解釋悲傷的理論，最重要的是，我們想要透過上述的了解找到適合化解悲傷的理論。因為，只有在找到這樣的理論以後，我們才能決定用什麼樣的方法來化解悲傷是最有效的。因此，在經過上述問題的探討以後，我們現在進到有關方法問題的探討，設法尋找出可以化解悲傷的方法。

我們要怎麼找才能找到合適的方法？在此，我們不能盲目地找，認為只要是方法都合適。實際上，我們採取這種尋找的態度，就算找到了方法，也很難判斷這種方法到底合不合適。因為，箇中的理由很清楚，就是要判斷一個方法合不合適是需要有依循標準的。如果欠缺這樣的標準，那麼即使有的時候這個方法的確可以產生作用，卻不能保證它一直都會有用。所以，為了確保所找到的方法確實具有普遍的效用，我們必須依據標準來找。

我們要怎麼做才能決定這樣的標準是適切的呢？一般而言，這和我們所選擇的理論有關。如果我們選擇的是本能論，那麼在決定標準時就只能從本能論本身著手。如果我們選擇的是任務論，那麼在決定標準時就只能從任務論本身著手。經過上一章探討的結果，我們選擇了任務論作為理論的依據。因此，我們只能從任務論本身尋找判斷的標準。

如果是這樣，那麼任務論有什麼樣的內容可以成為判斷這個方法合適與否的標準？根據上述的說明，我們知道任務論有四大任務要完成，也就是說，有四種問題需要解決。既然如此，我們就必須先知

道這四個任務的內容，再依據這些內容來判斷哪一種方法合適或不合適。以下，我們逐一說明。

 ## 第二節　完成第一個任務可用的方法

　　正如上述所言，我們所尋找的方法要適合各個任務的完成。現在，我們先探討適合完成第一個任務的方法。一個人只要是在正常的情況下，對於親人死亡的事實，他是不會不承認的，只要他願意承認，那麼對他而言，這樣的任務就算是完成了。可是，並非所有的人都是這樣。實際上，有的人會有不同的反應。對他們而言，他們不見得就願意承認親人已經死亡的事實。對於這些人，我們必須提供悲傷輔導的作為來協助他們。那麼，我們應該用什麼樣的方法才能恰當地協助他們？

　　其實，要協助他們是不能一概而論的。因為，不同的人有不同的原因。既然有不同的原因，那麼我們就必須根據他個人的原因來協助他，而不能根據不屬於他的原因來協助他。如果我們提供這樣的協助，那麼在原因不相應的情況下，這樣的協助不僅無法產生應有的效用，有時甚至可能出現相反的效用。所以，我們在協助他們時，第一件要做的事情就是找對原因，然後再根據這樣的原因尋找相應的方法。這麼一來，使用的方法才能產生應有的效用。以下，我們針對不同的原因舉例說明。

　　例如在上述的說明中，對於第一個任務可能有的障礙分出存在的角度和意義的角度。就存在的角度而言，它又有三種不同的情況。現在，我們先就第一種情況來說。當事人是拒絕承認親人死亡的事實，認為這樣的事實是奠基在錯誤的判斷上。那麼，我們要用什麼樣的方法來協助他，讓他接受親人已經死亡的事實。在此，有不同的方法可

用，例如找出親人的屍體讓他確認，這樣在事實擺在眼前的情況下使他無法否認。當然，我們這麼做是假設他的否認是建立在親人的屍體還沒有找到的情況。如果情況不是這樣，那麼就不需要使用這樣的方法。由此可見，方法的使用是要看情形的。

不過，有時要找出親人的屍體，用事實來說服當事人，不見得可以如願。相反地，有時候很難找到親人的屍體，如海上的空難，就很難採取這種用事實證明的做法。那在這種情況下還可以怎麼做？一般來講，只好從相關的事件中去尋找說服他的理由。例如，可以舉例說明類似的情況其存活機率不是很高，甚至於是很低的。當然，這樣的舉例未必就可以說服他，這時還要加上時間的因素。因為，在正常情況下，一般人在海上能存活多久是可以預知的，只要搜救行動超過這個時間，原則上就可以判定罹難者可能已經死亡。如果他還不相信，那麼依法律規定失蹤一年就可以認定死亡，這麼一來就比較有可能說服他，也才能協助他順利完成第一個任務。

此外，在確認親人死亡的事實以後，他可能還無法完全接受這個事實。這時，為了強化這個事實的真實性，籌辦喪禮會是一個有用的做法。因為，如果沒有籌辦喪禮，那麼當事人總還會存著一線希望，再加上他和親人如果彼此之間感情很好，那麼就更難讓他落實這種感覺。所以，為了讓他確實接受親人死亡的事實，只有透過籌辦喪禮來強化它的真實性。經過這樣的過程，他也很難不承認親人已經死亡的事實。畢竟我們只會為亡者籌辦喪禮，不可能為生者籌辦喪禮。

其次，就第二種情況來說，當事人之所以拒絕承認親人已經死亡的事實，是因為他在小孩的身上見到了親人的身影。如果親人真的死了，那麼他就不會在小孩身上見到親人的身影。現在，他真的在小孩身上見到了親人的身影，這就表示親人真的沒有死，否則是不可能在小孩身上見到親人的身影的。基於這樣的理由，他不斷強調親人死亡的事實只是一種錯覺。既然親人沒有死，那麼他為什麼要完成第一個

任務呢？

可是，他忽略了一點，小孩和親人根本就不同。就算小孩長得很像親人，小孩和親人還是不同。例如年紀方面的差別，對事情看法的不同，彼此親密關係也不一樣。這時，我們就可以透過種種的不同讓當事人覺察這樣的差別。雖然這是一種很殘酷的事情，但對於當事人喚醒錯覺其實是很有效的。如果沒有這樣做，那麼繼續讓當事人存在這種錯覺當中，不只對當事人順利度過悲傷的事情不好，也會為小孩帶來更多的困擾，甚至於干擾小孩自己悲傷問題的處理。所以，我們在提供悲傷輔導的協助時指出這樣的差異是很重要的，這樣才能幫助喪親的雙方，也就是當事人和小孩。

最後，就第三種情況就是否認死亡的不可逆性，認為親人只是暫時睡著。表面上看來，對當事人的悲傷衝擊的確可以產生緩衝的效果，但是，這種否認的結果並不能解決問題。因為，親人真的死了。雖然之前可能有人會向他說，甚至於是神佛的指示，告訴他親人只是暫時處於睡眠的狀態，絕對不是死亡，只要時機到了，自然就會醒過來，所以不用擔心，也不要草率地為他的親人辦理後事。但是親人的死亡就是一個事實，就算我們不想承認，也無濟於事。

在這種情況下，除了可以依據科學的死亡判斷標準作為證據，說服他親人完全符合這樣的標準以外，還可以讓他親眼目睹親人死亡後的遺體變化，讓他知道這樣的變化在活人身上是見不到的，甚至於藉由時間的變化讓他明白，就算時機到了，他的親人也沒有活過來的跡象。總之，就是藉由事實與說理來說服他，協助他順利度過親人死亡的悲傷，也讓他有機會早日完成第一個任務。

在說明應當如何化解從存在的角度所產生的各種問題以後，接著說明對於意義的角度所產生的各種問題應當如何化解。依據上述的說明，從意義的角度來看有兩種：就第一種而言，當事人採取否定親人存在的正面意義來化解親人死亡的衝擊。對他而言，親人既然不具任

何正面的存在意義，那麼我們就沒有必要在意他的死亡。縱使我們在意，也是沒有意義的。既然如此，那麼我們對於他的死亡就當成沒有發生過一樣。

面對這樣的問題，如果我們想要協助他，那麼可以從親人正面意義的喚醒與面對著手。對他而言，他就是採取否定的手段，而我們回應的方式就是採取正面的肯定。藉由正面意義與價值的喚醒，使他回想起親人實際上並沒有他想像的那麼壞，而且更重要的是，讓他知道親人的好壞和他的死亡是不相干的。就算他的親人真的很壞，那麼也無法否定他死亡的事實。現在，對我們而言，要做的事情不是藉由否定他的存在意義與價值來避開對他死亡事實的承認，而是要確確實實地面對他的死亡。這麼一來，我們才能協助他有機會完成第一個任務。

此外，我們也可以從存在的意義與價值和死亡的不同來化解問題。的確，人的存在確實有好與壞。無論他多好還是多壞，這樣的好壞是一回事，至於他是生還是死則是另外一回事。就算他再好，也不見得不會死；就算他再壞，也不見得就一定要死於這一刻。關於他的生與死，是他與外在環境互動的結果，與他個人的表現無關。既然這樣，那麼我們就沒有必要利用否定他的正面意義與價值來否定他的死亡，而要誠實面對他的死亡。唯有如此，我們才能協助當事人完成他的第一個任務。

就第二種而言，當事人採取的策略是選擇性的遺忘。對他而言，只要我們忘記與親人相關的事情，那麼就不會記起親人曾經存在過的事實，自然也就不會記得親人已經死亡的事實。如果我們沒有採取這樣的策略，那麼親人已經死亡的事實就會為我們帶來很大的衝擊。可是，我們實在不想承擔這樣的衝擊，也不相信自己有能力可以化解這樣的衝擊。在這樣的情況下，如果他想正常地活著，最好的做法就是遺忘親人的一切。

可是，遺不遺忘是一回事，事實上是否發生則是另外一回事。如果親人沒有死，那麼我們就算遺忘他，他還是一樣存在。如果親人已經死了，那麼就算我們遺忘他，他還是死了。所以，他的生與死其實和我們遺不遺忘他一點關係都沒有。因為，死不死是客觀的，而遺不遺忘則是主觀的。無論主觀再怎麼想，都無法改變客觀的事實。既然如此，那麼我們就可以藉由主客觀的區分來迫使當事人面對，讓他知道就算他遺忘了親人的一切，這樣的遺忘也改變不了親人死亡的事實，畢竟親人死亡是擺在眼前的客觀存在。藉由這樣的方式，我們協助當事人完成他的第一個任務。

經由上述的探討我們知道，一個人在喪親之後不見得一定可以順利地接受親人死亡的事實。相反地，對於親人死亡的事實有許多人是難以接受的。這時，他們就會從存在的角度和意義的角度採取否定的策略，否認親人死亡的事實。面對這些否認的情況，我們如果想要協助他，那麼就必須從事實和說理這兩方面著手，設法讓他知道親人的死亡是一個無法逃避的事實。就算暫時逃避成功了，親人最終還是不可能活著回來。因此，與其繼續逃避下去，倒不如選擇承認。如此一來，我們才有機會順利完成第一個任務。

 ## 第三節　完成第二個任務可用的方法

接著再探討第二個任務可用的方法。根據上述的說明，要完成第二個任務可能會遭遇到的障礙至少有三種：第一種，當事人為什麼可以沒有悲傷？他之所以沒有悲傷，是因為他採取了否認的策略。對一個人，如果要他悲傷，那麼一定要有悲傷的原因。如果這個原因根本就不存在，那麼他就無從悲傷起。所以，他就採取否認的策略，讓悲傷沒有出現的理由。

　　表面看來，這樣的策略是成功的。因為，在不存在親人死亡事實的情況下，他自然就不會有悲傷的反應出現。可是，沒有悲傷是一種主觀的反應，並不是客觀的呈現。所以，他的不悲傷只是一種假象。實際上，只要我們讓他清楚知道他的親人真的死了，無論採取的方法是事實還是說理，他自然就會有悲傷的反應出現。在這個時候，我們就要針對他的悲傷做處理。因為，如果我們不去協助他，那麼他可能就沒有辦法順利完成第二個任務。

　　之所以如此，是因為他之前所以採取否認的策略，可能是為了緩衝親人死亡所帶來的衝擊。而今，在無法否認的情況下，這種衝擊可能加倍。為了因應這種衝擊，也為了能夠協助他安然度過這一段悲傷期，我們需要協助他。那麼，要怎麼做他才有可能安然度過這段悲傷期？在此，有一些做法可以參考，例如可以採用陪伴的做法。當他開始接受親人死亡事實的衝擊時，他可能陷入孤單無助的狀態，這時，如果有個人陪在他身邊，那麼這種孤單無助的狀態影響的程度就會下降。對他而言，他也比較有勇氣可以接受親人死亡的衝擊。如果不是這樣，那麼在單獨承擔恐懼的心理影響下，他可能又會掉入早先逃避的陷阱，使他無法順利完成第一個任務和第二個任務。可是，只要有我們的陪伴，那麼在共同承擔的影響下，他可能就有勇氣勇敢面對，自然就有機會可以順利度過悲傷的考驗。

　　不過，只有單純的陪伴還不夠。因為，陪伴雖然可以產生支持的力量，但這種力量畢竟只是靜態的力量，缺乏互動的可能。對於當事人而言，要安然度過悲傷不能只靠靜態的支持力量，還需要動態的宣洩。問題是，要宣洩就必須有宣洩的管道。那麼，宣洩的管道是什麼？一般而言，哭泣是個管道。可是，要怎麼樣當事人才會由沒有反應到哭泣？在此，傾聽就是一個好的方法。因為，對當事人而言，固然他可以獨自飲泣，但獨自飲泣的宣洩效果並沒有互動來得好。所以，在這種情況下，傾聽就可以讓當事人一邊哭泣一邊訴說，在關懷

的互動中盡情地宣洩他的悲傷。此時對他而言，不但可以宣洩悲傷，也具有療傷止痛的效果，在這樣的情況下，當事人可能就可以順利完成他的第二個任務，也就是經歷悲傷的痛苦。

就第二種情形而言，當事人是透過美化親人生前的一切來逃避悲傷。他雖然承認親人死亡的事實，但對於這樣的事實是不需要做出悲傷反應的。一般人之所以出現悲傷反應，主要是受到親人生前沒有活得很好，死也沒有死得很好影響的結果。可是，他的情況不一樣。他的親人不但在活著的時候活得很好，死的時候也死得很好。既然一切都那麼好，那麼他有什麼好悲傷的？相反地，他應該高興才對。

的確，如果一切正如他所想的那樣，都是完美的，那麼對於這樣完美的消逝，我們確實沒有理由悲傷。如果我們再悲傷，那就表示我們的境界不夠，對這個死亡的意義了解得還不夠透徹。可是，如果情況不是這樣，親人實際上並沒有那樣活得完美，死得完美，那麼這樣的反應可能就有問題，需要我們進一步的協助。倘若我們根本就沒有察覺這一點，誤以為一切都正如他所表現那樣，那麼他就會在不知不覺當中受到沒有完成任務的傷害。所以，我們必須確實了解他的親人狀況，看他的表現是否如實。

如果他的表現只是一種美化親人的結果，那麼對於這樣的結果我們就有介入的必要。可是，要怎麼提供協助呢？對我們而言，必須設法讓他面對事實，也就是讓他知道親人並沒有他想的那麼完美。實際上，他是不完美的。對於這樣的不完美，我們當然就會有缺憾的反應出現，認為這樣的去世不是一件好事，而是一件需要難過的事情。既然需要難過，那麼我們就算表現出難過的樣子，也不會有人認為有什麼不對的地方。相反地，這時如果我們反應出悲傷的樣子，那麼一般人才會認為這是正常的。

不僅如此，除了面對負面的反應以外，還要讓他知道承認親人的死亡，會有悲傷反應出現，本來就是一件很正常的事情。如果認為

145

這樣的悲傷是有問題的，那就是對於死亡的事實與意義混淆的結果，認為接受死亡就是承認親人不僅活得不好，也死得不好。其實，親人活得好不好，死得好不好，說真的，和死亡的事實比起來一點關係都沒有。也就是說，他的生死意義未必就和他的生死事實有關。只要我們能確實分辨這一點，那麼就不需要借助美化的做法來逃避悲傷的痛苦。相反地，我們可以藉著正視親人的不完美，讓自己好好地經歷悲傷的痛苦。

當然，如果他在過程中發現他自己沒有辦法獨自經歷，那麼也可以求助我們的幫忙。這時，就可以透過陪伴與傾聽的做法來幫助他。例如當他不敢自己獨自面對的時候，我們就可以陪伴在他的身邊，成為支持他的力量，讓他知道他不是單獨面對的。此外，在他傷心難過的時候，也不需要擔心他會獨自飲泣，而是有人傾聽他的訴說，讓他可以盡情宣洩。藉由這樣的陪伴與傾聽，他就有機會可以順利完成第二個任務。

就第三種情形而言，有人為了逃避悲傷的痛苦，他就藉由注意力的移轉來逃避。對他而言，親人死亡的事實雖然不能否認，但對於親人死亡所帶來的悲傷是可以藉著某些做法而不去面對。那麼，他是如何逃避面對的？對他而言，如果要面對，那麼這樣的面對可能讓他無法承受。所以，為了讓自己可以活得正常一點，他只好採取轉移注意力的做法，彷彿親人死亡所帶來的悲傷不是他現在應該注意的重點。他應該把重點放在其他的事情上，比如趕快把喪事辦完，或者不因喪親而影響工作等等。

可是，這樣的轉移注意力是沒有用的。因為，逃得了一時，逃不了永遠。到了最後，該面對的還是要面對。這時，當悲傷湧現時我們不一定就承受得起。所以，如何讓他面對，就必須設法把注意力移轉回來，使他清楚意識到這樣的轉移是沒有用的。不過，只透過說理的方式把他的注意力重新移回喪親這件事情上是不夠的。因為，他會害

怕單獨面對。之前他所以逃避，就是不想面對才這樣做。現在，我們要設法讓他面對卻又不出面幫他，那他自己怎麼會有面對的勇氣，所以，此時的陪伴與傾聽就很重要。

那麼，陪伴與傾聽如何協助他安然度過悲傷的痛苦？對他而言，在他感覺孤單無助的時候，我們適時介入提供陪伴的作為，這時，他就會感覺到他不是一個人單獨在面對，而是有人陪在身邊，他不需要擔心單獨面對這種悲傷與痛苦。此外，在這個過程當中，他也不用擔心悲傷無處宣洩。因為，在陪伴過程中，當他傷心落淚時，他不是一個人孤獨地在那裡，而是有人會傾聽他訴說他的傷心難過，讓他可以安心地走過他的悲傷。

經過上述的探討，我們發現要完成第二個任務方法有很多種。其中，除了事實與說理以外，還有陪伴與傾聽。對喪親的人來說，這樣協助他們走過悲傷的時候是有用的。如果沒有這些方法的協助，那麼他們可能就會陷入需要悲傷而無法悲傷的陷阱。這個時候，我們只能眼睜睜地看著他們受苦。如果我們覺得這樣的態度是不對的，那麼就需要透過上述的方法來協助他們，讓他們有機會可以安然完成經歷悲傷痛苦的任務。

 ## 第四節　完成第三個任務可用的方法

接下來我們繼續探討第三個完成任務可用的方法。就我們所知，第三個任務要完成的內容共有三項：一個是生活的適應；一個是自我的調適；一個是心靈的重建。對我們而言，要完成這三項任務也有它相應的方法。如果沒有找到相應的方法，那麼要解決含藏其中的困擾可能就不會那麼順利。如果我們希望能夠順利化解這些困擾，那麼在方法的選取上就必須相應，否則就很難達成應有的效果。

　　在此，我們先探討完成第一個項目的方法，就是生活的適應。對當事人而言，本來在親人去世之前他的生活並沒有什麼問題，之所以如此，主要是因為他的日常生活都有親人加以打理，他自己是不用費什麼心思的。可是，自從親人去世之後，他在生活上頓失依靠，自己不知應當如何才能像過去那樣過活？面對這樣的困擾，逼得他很難正常生活。可是，能夠正常生活對他而言是很重要的。如果沒有人協助他適應，那麼他可能會因為無法適應而顯得更加悲傷。所以，協助他適應生活也是緩解悲傷的一個方法。

　　我們要怎麼協助他呢？在這之前，我們需要先了解他所遭遇的生活困擾是什麼？如果沒有事先弄清楚，就算我們提供了協助，也是無濟於事的。因此，為了讓這樣的協助能夠獲得如實地效用，就必須先弄清楚他在生活上覺得困擾的問題是什麼，我們所提供的協助才能幫得上忙，也才能真正安他的心。這樣的困擾可以包括哪些？一般而言，可以說包羅萬象，最常見的可以有行動上的困擾、經濟上的困擾、教育上的困擾、感情上的困擾等等。以下分別舉例說明。

　　例如行動上的困擾，對有的人而言，他不習慣一個人單獨行動，他會對自己的行動沒有信心，害怕會不會出現什麼問題。這時，如果希望協助他，那麼就必須先透過陪伴讓他逐漸適應，知道陪伴的人不一定非得是他的親人。然後，再慢慢讓他了解，如果沒有人陪伴，那麼就算他一個人單獨行動也不會有問題。經過這樣的逐漸適應歷程，最終他就有信心單獨行動，而不會擔心他一個人單獨行動時會不會突然間出現什麼難以解決的問題。

　　除了上述與行動有關的困擾需要適應以外，有的人則是經濟上的困擾需要化解。如果沒有化解，那麼他就會活得很困頓，甚至於失去繼續活下去的信心。之所以如此，是因為經濟上的需求很現實，沒錢就是沒錢，無法透過單純的想像來解決。如果真要解決，那麼就只能透過實質的協助，例如介紹工作給他，幫他尋找社會資源或政府補助

等等。一旦實質地完成這些相關的協助，那麼他在經濟上就會有信心繼續活下去，有關生活適應的問題也就跟著解決。

　　教育上的困擾也需要協助解決。對有的人而言，有關小孩教育的問題通常都是由他逝去的親人負責的，當他的親人驟逝以後，他就不知道應當如何處理小孩教育的問題。要他都不管，他也做不到。真要他去管，他又沒有能力，不知道應當如何管。在這種情況下，他不但會顯得左右為難，還會覺得自己很無能，竟然沒有能力解決這樣的問題。為了讓他重拾信心，覺得自己是有能力的，這時我們就需要提供相關協助，讓他知道問題可以怎麼解決。例如遭遇到什麼問題？可以在哪裡找到諮詢與協助的資源？

　　最後，還有感情的困擾需要協助解決。對有的人來說，感情在他生命中佔有很重要的地位，一旦失去了感情的滋潤，那他的生命就會顯得了無生趣。這時，如果沒有我們的協助化解，那麼他可能就會很難正常生活，甚至於不可能活太久。為了讓他對生活重拾信心，也為了讓他知道活著是有情趣的，我們需要協助他重建感情的管道。例如不要因為太愛失去的親人，以至於認為人間不可能再有這樣的感情，而要讓他清楚感情的重點不在彼此的佔有，而在彼此的成全，只要我們對逝去的親人有適當的安排，就可以重新建立一個新的感情生活。這麼一來，他在感情的生活上就可以重新獲得適應。

　　接著，我們探討第二個項目自我調適的問題。對有的人而言，他在生命的發展過程中常常依靠著別人，甚至於受到別人的擺布。但是，他從來就不以為意，認為活在別人的安排之中很好。因為，幫他安排一切的人不是不相干的他人，而是和他有緊密關係的親人。可是，他就忽略了一點，萬一有一天他的親人先他而去，那麼這時他該怎麼辦？現在，這個問題終於發生了。面對這個問題，他不知道應當如何化解。

　　站在悲傷輔導的立場來說，我們當然不希望他繼續受到這樣的

困擾。可是，要怎麼做才能幫上他的忙？因為，這是個人內在能力與信心的重建。所以，如果只是從外在的部分著手，那麼這樣做的結果效果不見得會很好。如果我們希望效果好一點，那麼試著讓他自己做決定是一個不錯的嘗試。問題是，要怎麼做才能讓他試著自己做決定呢？如果是他自己一個人，那麼這樣的嘗試可能就會失敗。如果讓他試著想像一下他的親人會怎麼決定，然後他再依樣畫葫蘆去做，那麼這樣的嘗試可能就會成功。因為，他在虛擬的想像中逐漸建立信心，知道即使親人已經不在，他也有能力像親人那樣決定一件事情。由此，他就可以逐漸建立自己的能力與信心，解決自我調適的問題。

最後，我們探討第三個項目心靈重建的問題。對有的人而言，受到親人死亡的影響很深，甚至深入到人生觀和宇宙觀的層面。在親人還活著的時候，他會認為人生一片大好，世界也是美麗善良的，神佛也是可敬可信的。一旦親人死亡，這一切的美好就隨之崩潰。對他而言，人生哪裡是美好的，根本就很醜陋。世界哪裡是美麗善良的，根本就很邪惡。神佛哪裡是可敬可信的，根本就是騙人的。至此，他的生命不再有意義，剩下的就只有虛無的感受。為了避免他的生命崩潰，那麼我們應該可以怎麼協助他？

在此，我們第一件要做的事情就是，讓他把他的生命和親人的死亡切開。因為他認為他的生命和親人的死不死息息相關。如果親人一切正常，那麼他的生命也一切正常。可是，如果他的親人死了，那就表示他的生命也跟著墜入深淵。所以，在連動他的生命和親人的死亡情況下，他忘記了他的生命是他的生命，他的親人的死亡是他的親人的死亡，兩者一點關係都沒有。為了讓他清楚這一點，舉例說明就很重要。當我們舉出各種連結的可能性以後，他就會知道這兩者之間並沒有必然的關係。既然如此，那麼他就有機會重新審視他自己的心靈，知道他自己對於生命的認知和親人的死亡完全沒有關係。

在清楚分辨他自己的心靈認知和親人的死亡沒有關聯以後，我們

進一步探討他自己對於心靈認知獨立性的重要，也就是我們要做的第二件事。對當事人而言，親人死亡之後他能不能好好地活著是一件很重要的事情。如果他不能好好地活著，不僅他周遭的人會擔心，他自己也無法讓逝去的親人好好離去。因此，我們必須讓他清楚知道，心靈要如何重建是他自己的責任，與別人無關。如果他可以重建得很正向，那麼他的親友就可以很安心。如果他重建得很負向，那麼他的親友就會很擔憂。對他而言，他就會好好考慮心靈重建的問題。

在重建的過程中，他自己不見得就有能力走出困境，所以需要我們提供協助。例如在重建的過程中陪伴他，傾聽他內心的想法，對於他的質疑與困惑之處協助尋找答案，讓他清楚了解什麼樣的答案可以造就什麼樣的人生，甚至於是成就什麼樣的永恆。對於這些問題，如果可以協助他尋得適合的答案，那麼在沒有親人的陪伴下他的未來一樣可以活得很陽光。但是，如果沒有我們的協助，他自己又找不到正向的答案，那麼未來會因為沒有親人的陪伴就可能活得很負面，甚至於很陰鬱。

經過上述三個項目的探討，我們知道當事人要活出一個沒有親人陪伴的未來不是那麼的簡單。之所以如此，是因為在沒有他人的協助下，他可能不知如何尋找答案，也不知道個人感受和應有的答案之間是有很大的距離。在一切混雜的情況下，他可能深受情感上的傷害，而無法理性地面對一切，釐清問題，甚至是尋找應有的合適答案。為了找到適合當事人的答案，我們才會在上述的分析當中建議使用一些相關的方法，設法化解這些與適應有關的問題。

第五節　完成第四個任務可用的方法

　　現在終於進到最後一個任務的部分，就是探討完成第四個任務可用的方法。要怎麼做才能協助當事人把對於親人的感情重新投注到未來的生活上呢？對於這個問題，說簡單也算簡單，說困難也算困難。那麼，爲什麼我們會這麼說？這是因爲如果我們堅持嚴格意義下的科學說法，那麼在親人已逝的情況下，我們很難把對親人的感情重新投注到未來的生活上。除非我們對親人的感情遺忘了，或僅存於記憶當中，認爲活下去才是最重要的事情。這時，要活出一個沒有親人陪伴而可以熱情地活下去的未來才有可能。

　　可是，要說這樣的活下去多有熱情，多麼眞誠，說眞的，我們是很存疑的。理由其實很清楚，既然與親人的一切都是過往，那麼就只能長存在記憶之中，對我們的未來不再具有任何影響。既然如此，那麼要如何把親人的感情重新投注到未來的生活上，實際上是很困難的。因爲一個已逝之人，一切都不再存在，要如何要求他參與未來的生活？嚴格來說，這樣的說法只是虛說，並無任何實質的意義。

　　如果不想這樣，那麼在解決這個問題時就要採取科學中廣義的觀點。從廣義的觀點來看，死後存在是有可能的，只是目前的經驗還不足以證實。既然如此，那麼我們在談到對親人的感情重新投注於未來的生活上，就有實說的可能性。因爲，對當事人而言，他這麼說的時候是帶著逝去親人的一切與他一起走向未來，這時，未來就不只是當事人的未來，而是與親人一起共構的主體性未來。在這樣的未來當中，他當然不只是一個人在未來生活，而是與親人一起走向未來一起生活，當然也會帶著親人的感情一起走向未來，共構充滿光明希望的未來。

　　除了上述與科學有關的認知部分以外，我們也要知道為什麼任務論會這麼強調與親人一起走向未來的重要性。對有的人而言，當親人去世以後，他最在意的就是把親人給遺忘了。因為，他認為遺忘就是一種背叛。既然在親人還活著的時候我們的關係這麼密切，那麼怎麼可以在他逝去沒多久就把他給遺忘了？所以，無論如何我們都非得記得他不可。可是，我們都很清楚，人的記憶是會隨著時間而衰減的。一旦時間夠久，最終我們還是會把親人的一切忘得乾乾淨淨。尤其現在老年失智的年齡愈來愈年輕，所以，要維持對親人情感的記憶猶新，說實在的，困難度還相當的高。

　　不過，對於這個問題也不用過度擔憂。因為，現在可以利用數位科技保存親人的點點滴滴，即使親人逝去甚久，也不會因而漸漸淡出記憶，仍然可以在數位科技的保存下常存如新。只是要注意的是，只有保存記憶是不夠的。之所以不夠，不是記憶保存不下來，而是關注的心在不在？即使保存的記憶都沒有問題，但是關注的心有問題，這時，當時所保存的記憶就會變成沒有靈魂的肉體，就算存在也只是行屍走肉，沒有太大的意義。那麼，我們要如何才能常保如新，不讓我們對親人關注的心衰退？

　　對於這個問題，我們需要回到傳統的作為。對西方人而言，他們會透過紀念日來解決這個問題。可是，這樣的解決還是有問題的，最終，和親人有關的一切還是會逐漸被遺忘。那麼，為什麼會這樣？我們不是每週年都在喚醒我們和親人的記憶嗎？怎麼會愈喚醒愈是遺忘？其中，最大的問題就在於週年祭是一年一祭。對我們而言，平日我們都忙著工作與生活，沒有多餘的心力想念親人。等到週年祭到的時候，我們才開始思念親人，這時應有的記憶已經開始模糊，也逐漸抽象化，不再那麼具體。對我們而言，這就是遺忘的危機，使得上述重新把對親人的感情投注於未來生活上的任務難以真正完成。

　　可是，我們中國人就不一樣。雖然也有週年祭的設計，但我們

與親人相處的時間不只是週年祭，還存在於每天的祭祀當中。當然，如果我們的祭祀只是行禮如儀，那麼就算天天進行，也沒有太大的意義。不過，我們的祭祀還有另外一種意義，就是當作親人還在另外一個世界，雖然天人相隔，但依舊可以相通，我們每天與親人往來，不僅讓親人參與我們的生活，也讓親人對我們的一切有所回饋。經由這樣的互動，我們與親人的關係自然就會愈來愈具體，愈來愈緊密。從這一點來看，我們與親人的關係就可以歷久彌新，也就可以順利完成任務論的第四個任務。

由此可見，要完成第四個任務不是不可能。只是要可能，就必須滿足相關的條件。一旦相關條件沒有滿足，那麼即使可能也會變得不可能。那麼，要怎麼才能做到這一點？在此，除了要選對觀念以外，在輔導的作為上也要找到相應的方法。否則，觀念不對、做法不相應的情況下，要完成第四個任務，讓我們對親人的感情陪伴著我們一起走向未來，其實是不可能的。

 # 第六節　小結

經由上述複雜曲折的討論，我們知道有關完成這四個任務所需的方法。如果不是這些方法，那麼要完成這四個任務就會變得很困難。倒不是這些方法有什麼特別之處，而是相不相應的問題。對解決一個問題而言，如果不相應，那麼問題要解決就會變得不可能。可是，如果相應了，那麼解決不了這個問題也是不可能的。所以，從這一章的探討中我們發現，談論方法就要談到相不相應的問題。

除了方法相不相應的問題以外，對於問題本身，也需要有很清楚的認識。否則就沒有能力判斷要使用什麼方法才合適。就算我們勉強使用一些方法，也不見得就有辦法可以解決這些問題。因此，當我們

在決定一個方法相不相應以前，首先要做的就是先弄清楚我們所要解決的問題是什麼，我們才有能力判斷什麼樣的方法是相應的，什麼樣的方法是不相應的，解決問題時也才不會出現錯誤的判斷。

如此，在正確的判斷上，對於解決問題的回應才會產生應有的效果。否則，在不正確的基礎上要產生正確判斷的結果，根本是緣木求魚不可能的事情。對此，我們之所以有這麼嚴格的要求，不是我們吹毛求疵，而是任務所在，不得不如此。如果沒有這麼嚴格的要求，那麼我們在進行悲傷輔導時，被輔導的當事人可能就會反受其害。對我們而言，這種受害的情形是絕對不能出現的。畢竟親人的死亡已經傷害了他們一次，我們站在悲傷輔導的助人立場上怎能再傷害他們第二次！

10.

與殯葬有關的案例分析

第一節　前言

　　有關悲傷輔導的探討，至此已接近尾聲。對我們而言，在結束探討之前，還有一個任務必須完成。這個任務是什麼？依吾人之見，就是藉由與殯葬相關的案例來結束悲傷輔導的探討。為什麼我們會這麼想？這是因為這個研習的目的本來就在於殯葬的悲傷輔導。如果我們沒有把殯葬帶到裡面來討論，那麼這樣的討論就算不完整。因此，基於完整性，我們在討論的最後有必要把與殯葬相關的案例納入討論的範圍。這麼一來，才能表達出與殯葬相關的價值。

　　那麼，我們要討論的案例是哪些呢？在整個殯葬的處理中，我們發現與殯葬有關的悲傷輔導案例處處可見。例如在臨終的時候，傳統禮俗中就有搬舖儀式的設計，藉由這樣的設計讓臨終者有一個善終的標準，也就是壽終正寢。如果一個人在臨終時符合這個標準，那麼他就可以死得心安，他的家人也可以送得心安。如果臨終時沒有辦法符合這個標準，那麼他在死的時候就不會心安，他的家人也不會送得心安。由於當事人死得不安，他就會有悲傷悔恨的情緒出現；同時，他的家人也由於送得不安，所以他們也會出現悲傷難過的情緒，彷彿不夠盡孝。所以，站在傳統禮俗的立場來看，此一善終標準的訂定就是一種悲傷輔導的作為，讓所有的臨終者和他的家人知道哪一種臨終是可以接受的？哪一種臨終是不能接受的？對於可以接受的臨終，我們不需要太過悲傷。對於不能接受的臨終，我們的悲傷也才有道理。

　　既然從臨終開始就有案例可以討論，那麼是否要從臨終討論到祭？其實，要做到這樣的討論不是不可以，只是有沒有必要而已。實際上，要做到這樣的討論，那麼所用的篇幅就會超過目前允許的篇幅。可是，對我們而言，我們的目的不在討論整個傳統禮俗與悲傷輔

導有關的案例，而只是藉由悲傷輔導的理論建構附帶地討論一些與殯葬有關的案例。經由這些案例的討論，我們就可以清楚了解在殯葬領域有關悲傷輔導的部分是怎麼處理的。由此，我們就不會把悲傷輔導看成只是與死亡有關的輔導，而會知道悲傷輔導也可以和殯葬有關，甚至於這樣的有關爲中國式的悲傷輔導帶來了可能性。

以下，我們分從兩方面來討論這樣的案例，其中一個是和我們所要輔導的對象有關的案例，另外一個是和身爲輔導者的我們自身有關的案例。爲什麼要分這兩方面來討論，理由其實很簡單，就是除了要了解被輔導者的情況以外，還要了解輔導者本身。只有同時了解了這兩方面的情況，我們在輔導時才能輔導得適切。如果我們沒有妥善了解這兩方面，那麼在執行輔導時就容易出現誤導的情形，不但對我們所要協助的對象不公平，也對我們自己不好交代，畢竟助人是我們自願想做的事情。

第二節　親人託夢在冷凍櫃中很冷怎麼辦

現在，我們先談第一個案例，也就是親人託夢在冷凍櫃中很冷怎麼辦。爲什麼會把這個案例放在第一個？這是因爲從死亡的角度來看，當一個人死了以後，就要準備辦理喪事。過去，辦理喪事的地點主要在家中，現在受到都市化影響的結果，辦理喪事的地點變成了殯儀館。由於把逝去的親人送到殯儀館，並非立刻把親人的遺體處理掉，所以只好先將親人的遺體冰存，在家中辦理亦同，會使用移動式冷凍櫃暫時將親人的遺體冰存，等待後續的處理。從這一點來看，自然要先進行冰存的動作。

如果不冰存會怎麼樣？就我們所知，不冰存的結果就是親人的遺體會爛掉、臭掉，這是一種生理的變化。對我們而言，人的組織成分

　　和動物一樣，當人死了以後，如果遺體沒有做冰存的動作，就會隨著時間逐漸分解與腐敗，結果就像動物那樣爛掉、臭掉。本來，爛掉、臭掉也很自然。因為，親人的遺體只是一種會腐敗的物質體。當這種腐敗的現象出現時，我們也沒有什麼好大驚小怪的，接受就好。

　　可是，問題沒有那麼簡單。對我們而言，隨便讓親人的遺體腐敗是一種不孝的行為。除非像古代，因為沒有冰存的設備，對防腐也沒有太多的概念，才會讓親人的遺體自然腐敗。如果不是這樣，他們就會採取封棺的做法，形式上不讓親人的遺體在自己的眼前腐敗，表示他們從生到死對於親人都保有一份保護的心，避免讓親人的遺體受到自然的傷害。雖然這樣的保護其實也起不到什麼實質作用，但在心理上就是覺得這樣做才不會有愧疚之感。

　　到了現代，人們清楚知道這樣的腐敗只是一種自然現象，也清楚了解與為人子女的孝不孝順沒有關係。可是，他們還是會擔心一個問題，就是不要讓親人的遺體成為社會的汙染源。如果我們沒有注意這個問題，隨意讓親人的遺體腐敗，成為社會的汙染源，那麼就沒有善盡身為公民的一份責任，就會為社會帶來公共衛生的困擾。所以，不要為社會帶來公共衛生的困擾，對我們在處理親人的身後事時是一件很重要的事情。

　　經過上述的說明，我們已經知道親人的遺體在送到殯儀館時為什麼要先冰存的理由。接著要說明冰存的狀況。為什麼要冰存？主要是，冰存會影響我們對親人死後處境的觀感。如果我們對於親人死後遺體的處境觀感是正向的，那麼在不知不覺當中我們就會顯得比較放心。如果對於親人死後遺體的處境觀感是負向的，那麼在不知不覺當中就會顯得比較擔心。由於受到這種擔心的影響，我們在冰存親人遺體時就會出現這樣冰存的結果會不會讓親人覺得很冷的問題。

　　那麼，親人的遺體冰存在冷凍櫃當中的狀況為何？就我們所知，早期冷凍櫃不是單櫃的設計，也不是四個櫃子的設計，而是六十四櫃

的設計。按照這樣的設計，它在保存遺體時就不能不考慮整個保存的效果。如果效果很好，那麼遺體就不會出現腐敗的問題。如果保存的效果不好，那麼遺體就會出現腐敗的問題。一旦出現腐敗問題，殯儀館的管理人員自然就會遭受家屬的責難。為了避免家屬的責難，也為了讓自己把工作做好，所以在冰存的時候冷度都非常的低，從零下十度到二十度。面對這樣的冷度，家屬自然會有很冷的感覺出現，也會擔心親人躺在冷凍櫃當中會不會冷得受不了。

說明至此，我們已經清楚了解家屬為什麼會擔心親人會不會太冷的問題。當家屬有了這樣的擔心以後，就會反映在他們的行為上。對他們而言，當親人躺在這樣的環境中，他們會認為親人一定會有很冷的感覺。尤其是，如果親人生前本來就怕冷，那麼他們就會反應得更強烈。所以，在將親人的遺體送進冷凍櫃的時候，他們看到親人的遺體只蓋了一條薄薄的涼被，就會擔心這樣的涼被足以為親人禦寒嗎？

一般而言，擔心歸擔心，家屬通常不會在現場提出質疑，而是默默放在心上。可是，默默放在心上的結果，就讓家屬在夜晚睡覺時有了夢境的出現，夢見親人告訴他們覺得很冷。當他們聽到親人這樣說以後，有的人可能就會從夢中驚醒，認為這件事情一定是真的。當然，有人的反應就不一樣，認為這是自己想太多的結果。無論實際情形是哪一種，對家屬而言，這樣的夢境內容總是會讓他們擔心。

面對這樣的擔心，有的家屬就希望殯葬業者可以協助他們解決問題。如果業者沒有幫他們解決問題，他們就會認為這樣的服務不好。如果殯葬業者能夠設法幫他們解決問題，他們就會覺得這樣的服務比較好。因此，殯葬業者有沒有幫他們解決問題，就會影響到他們對於這家殯葬業者服務的評價。基於這樣的考量，一般提供殯葬服務的業者都會設法幫他們解決問題，希望他們對於他所提供的服務滿意。

那麼，他們會怎麼提供協助呢？過去，由於殯葬業者的社會地位很低，也沒有太高的學歷，如果由他們自己直接提供解決的方法，那

麼家屬可能很難接受，也不認為這樣的解決方法是有效的。所以，需要解決問題時他們並沒有直接透過自己，而是藉由轉介給宗教人士來處理。藉著宗教人士在社會的高地位、高知識，這樣處理的結果自然可以取得家屬的信任，認為這樣的解決方法是合適的，而不會任意產生懷疑。由此可知，過去的殯葬業者也是很聰明的，懂得選擇合適的對象來幫他們解決問題。

可是，他們怎麼知道拜託宗教人士來處理就可以解決問題？這是因為他們知道宗教人士是專門處理陰陽兩界之間的問題，而且經由這樣的處理可以贏得家屬的信任。因此，他們就放心地把解決問題的責任轉給宗教人士。那麼，宗教人士是怎麼解決問題的？對他們而言，要解決問題就必須針對問題。既然亡者覺得很冷，那麼這樣的託夢一定是真實的，亡者在那一個世界的處境就是這樣，否則他是不會託這樣的夢的。

現在，既然託了這樣的夢，那就表示他真的很冷。那麼，對於覺得很冷的問題我們一般會怎麼處理？處理的方式很簡單，不是加衣物就是加被子。只要加夠衣物或被子，那麼原先感到冷的人就不會再感到冷。所以，在解決問題時宗教人士也採取這樣的做法，以增加衣物或被子的方式來解決。可是，亡者和我們不一樣，他並不在人間。因此，我們不能用人間的方式來送衣物或被子。對此，我們只能採取適合亡者的方式，也就是用宗教的方式來送衣物或被子。

那麼，什麼是宗教的方式？直接來說，就是用做法事的方式。在做法事的時候，由於它是和修行有關，所以只能由法師或道長擔任主事者。在執行的時候，由他們主導誦經的事務，而家屬只能跟隨，配合法師或道長的要求。在誦完經之後，法師或道長會引領家屬把要送給亡者的衣物或被子燒掉，也就是化掉。最後，再由家屬擲筊，看所化掉的衣物或被子亡者收到否。還有在收到之後是否還覺得冷？如果擲出來的結果是聖筊，那就表示問題已經解決，家屬自然也就可以

放心了。可是，如果擲出來的不是聖筊，那就表示問題沒有解決，這時，事情就會變得比較複雜。通常，只好再重做一次，或另尋新的法師或道長來解決問題。

　　由此可見，問題的解決與否和家屬的擔心有關。只要問題解決了，那麼家屬就放心了。如果問題沒有解決，家屬就會一直處於擔心之中。那麼，這樣的擔心和悲傷輔導有什麼樣的關聯？在此，需要做進一步的說明。如果沒有說明，那麼在未來真要執行悲傷輔導的任務時，就不知道要如何執行。因為，對於被協助的人而言，我們總要他們知道為什麼需要接受協助？這樣的協助所根據的理由是什麼？在了解相關的理由之後，他們就會知道為什麼會被協助？也知道他們自己應該抱持的態度是什麼？

　　在此，我們要怎麼說明這樣的擔心和悲傷輔導的關係？首先，我們要了解這樣的擔心為什麼需要注意？這是因為這樣的擔心會影響家屬的心情。本來，遭遇親人死亡的衝擊就會讓家屬的情緒陷入低潮，這時，如果又要他們掛慮親人死後的際遇，那麼這樣的心情更會陷入谷底，在生活上更難正常生活。加上如果我們沒有協助他們解決問題，那他們就會被這個問題困住，除了認為自己不孝外，也會認為自己很沒有用，連這一點小事都不能幫親人的忙。所以，為了化解他們的無力感，也讓他們覺得自己是有用的，我們需要協助他們化解這樣的擔心。

　　其次，為了化解他們的擔心，我們在協助化解問題時提供了做法事的作為。提供法事在悲傷輔導上可以產生什麼樣的效果？對他們而言，他們原先認為幫忙親人解決問題自己無能為力，但在宗教人士的協助下，他們透過擲筊的方式發現自己竟然可以幫得上忙，化解了親人在另外一個世界的困擾。對於這種幫得上忙的發現，使他們不但覺得自己是有用的，還覺得自己的存在是重要的。因為，如果沒有我們的存在，那麼親人在另外一個世界有問題時就沒有辦法求助於我們，

他們就會變得很可憐。幸好，我們現在還活在人間，可以提供相關的協助，使親人免於陷入這種悲慘的境地。透過這種有用感與重要性的覺察，家屬就會覺得自己的悲傷在無形當中化解不少。

不過，在這裡我們要做一個分辨，就是對於這樣的法事作為家屬抱持什麼樣的態度？如果抱持的只是一種應付的態度，認為人們在為親人辦理喪事時都會有這樣的作為，所以他們也跟著做，在形式上應付一下，那麼這樣的應付行為就很難產生悲傷輔導的效果。因為，他們本來就沒有相信的心，認為這樣的作為只是應付社會的要求不得不做。因此，就算花了再多的錢，在無心參與的情況下，自然也就不可能產生我們原先想要的悲傷輔導效果。

相反地，如果不是抱持應付的心，而是認真參與，也相信這樣的作為是有用的，那麼在執行完這樣的作為之後，自然就會產生我們原先想要的悲傷輔導效果。表面看來，這樣的判斷似乎很合理。實際上，只要我們反省得深入一點，就會發現這樣的判斷其實暗藏危機。因為，在執行的時候，我們不要忘了，這樣的執行是以法師或道長為主，而不是以家屬為主。既然不是家屬，那麼這樣的功勞自然就只能歸功於法師或道長。對家屬而言，他們唯一的功勞就是協助有功，也就是在找人的時候找對人，才能產生這樣的效用。

如果是這樣，那麼我們就會質疑這樣的協助可以有那麼大的功效嗎？對家屬的悲傷可以產生實質化解的效用嗎？還是說，這只是我們自己認定的結果？對於這樣的質疑，我們需要進一步化解。如果我們沒有化解，那麼家屬就會認為這樣的作為其實是沒有用的。如果我們不想這樣，而希望能夠讓家屬相信，那麼就只有合理交代這樣的法事要怎麼做才能產生我們在上面所講到的那種效用。所以，這樣的交代是很重要的。

既然如此，那麼我們要怎麼交代呢？在此，我們從悲傷輔導的核心著手，就是要怎麼做才能讓家屬覺得自己有用。對家屬而言，之

前他們認為自己沒用，是因為他們對於親人的死亡一點忙都幫不上，只能眼睜睜看著親人死去。現在，如果我們要扭轉這樣的頹勢，就必須讓他們覺得自己可以幫得上忙，不是那麼沒用的。如果要做到這一點，那麼最簡單直接的方式就是讓他們親自參與、獨立完成。如果他們可以親自參與、獨立完成，那就表示他們是有用的。如果沒有他們的親自參與、獨立完成，那麼親人的問題就沒有辦法解決。

可是，在執行面要怎麼改變，他們才會有這樣的感覺出現？對於這個問題，我們可以從擔任主導角色的人的改變來解決。那麼，要怎麼改變才能解決？既然法事的功勞是歸給主導者，而我們希望家屬擁有這樣的功勞，那麼自然只能把主導的角色歸給家屬，家屬才能擁有這樣的功勞。表面看來，由家屬擔任主導角色的說法並沒有錯。然而，有人可能會提出這樣的質疑，對於沒有修行功力的家屬，由他們擔任主導者有用嗎？這樣改變的結果，會不會使得原先有效的法事變得不再有效？

對於這樣的質疑，我們有必要做一個回應。一般而言，主導者有沒有修的確會影響法事的效果。可是，法事的關鍵不在主導者有沒有修，而在於相應不相應？如果不相應，那麼就算主導者有修，這樣的有修也產生不了預期的效用。相反地，即使主導者沒有修，但在相應的情況下，這樣的法事還是會出現它應有的效用。由此可知，法事有效的關鍵不在主導者有沒有修，而在主導者與亡者之間相應不相應。

我們為什麼會這麼說？為什麼相應就可以產生效用，不相應就產生不了效用？理由其實很簡單，就是產生作用的本來就不是人，而是法。只要法能夠被亡者所接納，那麼亡者就會在這樣的接納中受用。因為，當他接納的時候，他不只是接納一種說法，相信一種說法，而是在接納與相信的過程當中，他會開始起而行，改變自己原先的念頭，從覺得冷到不覺得冷。這種轉念的關鍵就在於他相信家屬所給的法是有用的，只要他相信這樣的法，那麼他的問題自然可以化解，不

　　會再為他帶來困擾。所以，從這一點來看，產生作用的是擔任溝通管道的法。既然是法，那麼人的作用就剩下相不相應的問題。

　　現在，相不相應的問題已經藉由主導者的改變解決，而管道的問題又從有沒有修轉向法的合不合宜。只要我們選對宗教經典，那麼這樣的法事自然就能產生效用。這麼一來，由於家屬親自參與，獨立完成，所以他們的悲傷就會隨著法事的完成而逐漸消散。其中，最主要的關鍵就在於，這樣的法事是他們自己完成的，而不是法師或道長完成的。因此，如果要算功勞，那麼這樣的功勞只能歸給家屬，而不能歸給別人。

　　這麼說來，在做法事的過程中就不再需要法師或道長了？其實，這樣的印象是錯誤的。那麼，我們為什麼要這樣說？這是因為法師或道長還是有他們的功能的。對家屬而言，在一般的情況下，他們對法事是不會有概念的。在沒有概念的情況下，他們怎麼會有執行的能力？既然沒有執行的能力，那麼他們又怎麼可能幫助親人解決問題？所以，從解決問題的能力培養角度來講，法師或道長就很重要，因為，他們就是培養家屬能力的人。

　　要怎樣培養家屬的能力？在此，有三件事情可以做：第一件事情就是讓家屬知道要選擇哪一部經典才會有效。然後，這部經典的內容與意義是什麼？應該怎麼去理解？第二件事情就是讓家屬知道法事進行的程序。第三件事情就是教導家屬應如何進行這樣的程序才不會有問題。經過這三件事情的協助，家屬就會有做法事的能力，也才能在做法事的過程中逐漸讓悲傷輔導的效用呈現，最後在完成法事的作為後化解悲傷。

　　經由這麼複雜的說明之後，我們就知道對於親人進冷凍櫃以後感覺到冷而託夢的問題要怎麼處理比較好，也知道如果要使用宗教的法事來解決問題，那麼要怎麼做才能具有悲傷輔導的效用。一旦我們清楚了解這些相關的問題與做法，那麼在協助家屬化解憂慮、化解悲

傷的時候，我們就更能自覺地解決問題，而不是像過往那樣，只是不知而行地去做，結果有效無效都不清楚，一切只是隨著運氣的好壞決定。對我們而言，今天如果還要強調做法事的悲傷輔導效用，那麼就不能再像過去那樣不知而行，必須深入了解為什麼行的相關依據，這樣一來，才算符合這個時代對於悲傷輔導的科學要求。

 # 第三節　如何藉由摺紙蓮花來化解悲傷

接著說明第二個案例，也就是摺紙蓮花。這個案例為什麼要放在第二個？這是因為在把親人的遺體送進冷凍櫃以後，在傳統禮俗的規定上，我們就要開始守靈，目的在於對親人做最後的陪伴。如果我們沒有對親人做最後的陪伴，那麼我們就會覺得自己好像遺棄了親人。對一個與親人關係十分密切的我們，認為遺棄親人是一件很正常的事情，我們很難做到這一點。相反地，我們不僅認為遺棄親人的行為不對，還會認為這樣的行為是不孝的，甚至於認為這樣的行為其實是一種對親人的背叛。因此，為了表示我們對親人的孝順，也為了表示我們捨不得親人的離去，於是就利用守靈的過程陪伴親人，讓親人還可以感受到這一份親情的溫暖。

不過，陪伴並非只是單純的陪伴，還需要有一些作為。如果陪伴只是單純的陪伴，那麼這樣的陪伴就不能產生更積極的作用，而只是一種孝心的表達。但是對家屬而言，他們要的不只是這樣，他們還希望能夠對親人有所幫助，讓親人可以順利地抵達另外一個世界，甚至於能夠去到比較好的下一世。如果他們希望產生這樣的效果，那麼不能只有單純的陪伴，他們還需要做一些有助於親人順利前往另外一個世界的事情，甚至於是做一些有助於親人前往更好的下一世的事情。

他們要怎麼做才能達成這個目的？在此，我們就不能只是單純訴

諸於這個世界的作為。因為，這個世界的作為只能對這個世界產生效用，至於對另外一個世界而言卻未必有效，甚至於可能一無效用。因此，如果我們在陪伴之外，要做一些對親人有所助益的事情，那麼就不能按照這個世界的要求去做，否則很難產生成效，而要按照另外一個世界的要求去做，這樣才會有效用出現，也才能對親人產生正面的助益。

可是，另外一個世界的要求是什麼？我們怎麼有能力知道？當然，如果只是從這個世界的經驗出發，那麼我們真的沒有能力知道。不過，幸好生存在這個世界的人們，不只有我們，還有一些修行的人。對他們而言，透過修行的方法，如禪定與禪觀，他們就有能力可以進到另外一個世界，了解另外一個世界的要求。這時，我們就可以藉著對於他們的信任，由他們告訴我們另外一個世界的要求是什麼？我們應該怎麼做才能滿足這樣的要求？

當然，有人可能會質疑，認為要知道另外一個世界的要求根本就不可能。因為，站在科學的立場，一個事物的存在與否，是要經過經驗驗證的。如果它可以通過經驗的驗證，那麼我們就可以承認它是真實的。如果它不能通過經驗的驗證，那麼對於這樣的事物我們就不能承認它，只能把它看成是一種虛妄的存在。因此，站在科學的立場上，對於這種無法通過經驗驗證的另外一個世界，我們怎能相信它的存在？更不用說相信有人可以進到這樣的世界，告訴我們這樣的世界它的要求是什麼。

的確，如果我們判斷事情的依據只有經驗一途，那麼我們確實很難逃脫虛妄的罪名。不過，我們又怎麼知道經驗就是唯一判斷的標準，在經驗之外就沒有其他的標準？因為，有關這樣的判斷遠遠超出經驗的範圍。對於經驗而言，如果它要下這樣的判斷，那麼這樣的判斷就會違反它的原則，讓它陷入自相矛盾的困境當中。這麼一來，它在判斷的權威性上就會遭受質疑，使我們不再相信它的判斷就是一

切，在它之外就沒有其他的可能。

如果在它之外還有其他的可能，那麼我們就可以承認另外一個世界存在的可能性。既然它的存在有可能性，那麼當然就有辦法知道它的要求是什麼，然後，再根據這樣的要求做回應。最終，我們就可以藉由這樣的方法去幫助親人，讓親人不只可以順利到另外一個世界，還有機會到一個比較好的下一世。對家屬而言，這就是他們衷心祈願的，也是他們的悲傷得以療癒的一種機會。

我們要怎麼做才能產生這樣的效果？在此，摺紙蓮花就是一個很合宜的做法。從表面來看，摺紙蓮花只是一種人間的手工藝，那麼它怎麼可能產生具有影響另外一個世界的效用？如果它的所做所為都只是人間的一切，那麼它確實不會有這樣的效力。可是實際上，它的所做所為不只是一種人間的作為，它還是溝通陰陽兩界的作為。由於這種溝通陰陽兩界的特性，所以它可以產生影響另外一個世界的效用。

如果是這樣，那麼它要如何產生這樣的效用呢？關於這一點，我們就要回到宗教的作為。對家屬而言，他們不只是摺紙蓮花，在摺的過程中，他們還會持誦佛號。透過這種佛號的持誦，摺紙蓮花的作為就不只是一種人間的作為，而是轉化成一種宗教作為。在此，藉由佛號的持誦，紙蓮花就成為溝通陰陽兩界的管道。當亡者接收到這樣的訊息，那麼他就會隨著訊息的傳遞而出現改變。因此，在摺紙蓮花的時候，法師才會要求持誦的人要誠心誠意，而不能一心數用，彷彿他有能力兼顧一切。

這麼說來，家屬在摺紙蓮花的時候，只要一邊摺一邊持誦佛號，那麼他們就可以幫到親人，讓親人順利前往另外一個世界，甚至於前往比較好的下一世。表面看來，答案似乎如此，實在沒有什麼好擔心的。可是，只要我們反省得夠深，就會發現答案似乎沒有那麼肯定。之所以如此，是因為有的人在做這件事情的時候，他的所做所為都只是一種應付性質。對他而言，人死就死了，死後也不會繼續再存在。

如今，他之所以會有這樣的作為，純粹只是為了滿足社會的要求，表示他真的很孝順而已。至於這樣的作為有沒有真的效用，其實他並不太在意。

對於這樣的人，就算他摺了紙蓮花，他的所做所為也不會有真實的意義。如果我們不希望如此，希望可以產生真實的效用，那麼相信人死了以後還繼續存在就變得很重要。因為，只有在相信人死後還存在的前提下，這樣的作為才有意義。對我們的親人而言，由於死後還存在，他還有一些困擾沒有解決，這時我們的作為才能幫上他的忙，也才能為他化解這些困擾。否則，在親人不在的情況下，想要產生實質作用根本就不可能。

既然如此，那麼是否只要誠心誠意持誦佛號即可？就我們所知，問題並沒有那麼簡單。事實上，除了持誦佛號以外，還需要相關配套的作為。如果沒有這些配套的作為，那麼親人要接收到這樣的協助就會變得不可能。因為，只有持誦佛號，那是家屬的作為，而這樣的作為是否會被親人接收到，就要看家屬和親人之間有沒有相關的聯繫？如果沒有，那麼無論家屬再怎麼誠心誠意持誦，也只是和家屬本人有關，和亡故的親人一點關係都沒有。

可是，如果我們可以讓家屬和亡故的親人搭上線，那麼家屬的持誦就不是家屬自己獨自持誦，而是和亡故親人有關的持誦。透過這樣的聯繫，家屬和亡故的親人之間就會產生連結。在這種連結的作用下，我們希望幫助親人的效用就會慢慢浮現。對家屬而言，這種有關係的持誦才是他們想要的，而不只是家屬獨自持誦，與亡故的親人一點關係都沒有。

如果我們只反省到這裡，說真的，這樣的反省是不夠徹底的。因為，只有家屬和亡故的親人之間的聯繫還不夠。對家屬而言，他們不只是要和亡故的親人有聯繫，還希望藉著這樣的聯繫幫上親人的忙，使親人不只可以順利前往另外一個世界，還有機會可以去到一個比較

好的下一世。因此,在摺紙蓮花的時候,我們的所做所爲就要比上述所做的更多。如果做不到這一點,那麼要對亡故的親人做出更多實質的貢獻是不可能的。

那麼,我們要怎麼做才能做得更多?對此,除了和親人要有聯繫以外,還要讓親人相信我們的所念所想,隨著我們的所念所想去改變他自己。如果可以做到這一點,那麼他就會隨著我們的所念所想而轉化自己。如果做不到這一點,那麼他就不會隨著我們的所念所想轉化自己。當他可以轉化的時候,那麼他在另外一個世界的處境就會隨之改變。這對我們而言,想要幫助親人的想法就可以得到落實,而我們的親人也可以受到實質的幫助。由此可知,如何讓親人相信我們是一個重點,如何讓親人的心隨著我們的所念所想加以轉化則是另外一個重點。

討論至此,有關摺紙蓮花如何產生幫助親人的效用問題已經告一段落。可是,我們怎麼知道這樣的幫助對家屬可以產生悲傷輔導的效果?對於這個問題,需要我們做進一步的說明。對家屬而言,親人的死亡固然是一個衝擊,但更重要的是,我們在這樣的處境當中竟然完全幫不上親人的忙,只能眼睜睜地看著親人死去。對於這種無力感,說眞的,才是眞正刺痛家屬的地方。面對這樣的無用,家屬除了自責,什麼都沒辦法做。倘若我們可以幫助家屬改變這樣的處境,那麼家屬的悲傷當然就有化解的可能。

對我們而言,要化解家屬的悲傷就是要他們覺得自己有用,不是那麼沒用。只要讓他們覺得對於親人在另外一個世界的際遇自己可以幫上一些忙,那麼他們就不會再認爲自己眞的沒用,而可以開始產生一些自我認同感,認爲自己其實是有用的。經過這樣重新肯定的過程,那麼家屬的悲傷自然就可以慢慢得到化解。因爲,他們本來受挫於親人的死亡,認爲自己一無用處;現在,卻可以在幫助親人死後際遇的改變上重拾信心,讓他們覺得自己有用。對他們而言,這樣的重

拾信心就是讓他們從親人逝去的悲傷中走出來的最大動力來源。

所以，要確認家屬能有這樣的改變就必須從親人本身的轉念著手。如果親人本身沒有轉念，那麼家屬所重拾的信心就會變成一種主觀的想像，而非客觀的真實。既然不是客觀的真實，那麼這樣的重拾信心就不能產生悲傷輔導的實質效用，只能產生短暫的自我安慰。但是，對家屬而言，他們要的不是這個，他們真正要的是可以對親人在另外一個世界的際遇產生正面影響的作為。因此，如何確認親人在另外一個世界真的轉念，就成為家屬是否成功重拾信心的關鍵所在。

我們要如何做才能協助家屬確認親人是否已經轉念成功？對此，有兩件事情一定要做。其中第一件事情就是，要告訴親人他的際遇不是固定的，是可以隨念頭轉換的。只要他願意，他自己就可以試著改變一下念頭，想像一些更美好的未來，那麼他就可以發現在這樣的轉念中他的處境也跟著改變，正如他現在轉念之後的念頭呈現，不再身處過去那樣的情境。另外，第二件要做的事情就是擲筊。為什麼要擲筊？因為，擲筊是溝通陰陽兩界的工具。對於另外一個世界，我們無法直接得知親人的反應。可是，如果通過擲筊，那麼我們就能得知目前親人的處境，是否已經有了新的改變。

本來，如果一切順利，那麼我們的討論也該終止。可是，對於親人實際處境是否已經改變的問題有兩種不同的答案：一種是已經順利改變，這時就會在擲筊時出現聖筊的結果；一種是改變得不順利，甚至於根本就沒有改變，在擲筊時就不會出現聖筊的結果。當結果是第一種的時候，家屬當然就會重拾信心，他們的悲傷也可以順利度過。當結果是第二種的時候，家屬自然就沒有辦法重拾信心，相反地，他們還會處於忐忑不安之中，不知自己做錯什麼，才會讓親人無法轉念或轉念不順。這時，要他們不繼續悲傷也難！

如果在輔導過程中出現第二種情形，那麼我們要如何繼續輔導？是要告訴他們這是因為他們不相應的結果，還是要告訴他們這是因為

他們的親人執念太重的結果？無論告訴他們的答案是哪一個，最重要的是，不要只是單純地接受這樣的結果，而要重新面對。理由其實很簡單，就是還有時間，今天不成明天再來，不是今天一切已定。既然一切未定，那麼只要有時間我們就可以重做。所以，在輔導的過程中遭遇到這樣的問題時，不要一次定輸贏，而要再接再厲。這麼一來，經過上一次失敗的教訓之後，家屬重新摺紙蓮花時，他們就會專注許多，而親人在配合上也會更加注意。從這一點來看，我們在輔導家屬時，不見得一切都會順利，也會有不順利的情形出現。

 ## 第四節　想夢見親人卻夢不到要如何處理

　　再來說明第三個案例，也就是想夢見親人卻夢不到。這個案例為什麼放在這裡說明？是因為一般人最初可能都會把注意力集中在喪事的辦理上，注意力的焦點比較難直接放在亡者身上。可是，等到喪事辦理告一段落時，我們的注意力可能就開始轉移，逐漸回到我們和親人的關係身上。當我們的注意力重新回到我們和親人之間的關係時，就會開始注意親人是否出現在我們夢中的問題。所以，我們才會把想夢見親人卻夢不到的問題放在第三個案例來探討。

　　當然，我們也很清楚這樣的案例並非通例。實際上，對有些人而言，他根本就沒有想到親人入夢的問題。因為，對他而言，他受的是科學教育，對於死後的問題一概以迷信看待，認為這只是一種子虛烏有的問題。既然如此，那麼他自然就不會把親人入夢當成是一個問題來看。在不是問題的情況下，無論親人有沒有入夢，都只是和個人心理狀態有關。如果親人沒有入夢，這種情況也只是一種正常的情況。理由很清楚，就是親人死後就化為烏有，當然不會有入夢的問題。如果親人出現在夢境當中，那麼他就會認為這是自己太思念親人的結

果，和親人死後存不存在沒有關係。

　　不過，這只是情況中的一種。對有的人而言，情況則是另外一種。在他們的經驗中，想要夢見親人並非難事，只要他們想要夢見，親人就會自動出現在他們的夢中，想要夢見親人卻夢不到根本就不是問題。既然不是問題，那麼就不會困擾他們。爲什麼他們可以這樣？可能是因爲他們對於親人根本就沒有執念，一切順其自然。當有需要的時候，親人就會出現在他們的夢中。當沒有需要的時候，親人自然就不用出現。因此，親人會不會出現在夢中，一切以需不需要爲準。

　　從上述情形來看，親人有沒有出現夢中的問題之所以會爲家屬帶來困擾，主要是這些家屬想要夢見親人卻屢夢不見，對他們來說自然會變成一種困擾。尤其是急於與親人重新聯繫的人，這樣的心更加急迫，也更容易形成困擾。當這種困擾愈來愈嚴重時，就有可能加深家屬的悲傷，讓他們覺得親人是否已經不要他們了？如果不是這樣，爲什麼他們都不入到自己的夢中呢？在這種質疑的猜想中，家屬的心情就會更加難過。所以，從悲傷輔導的角度來看，實在有必要協助他們釐清問題。

　　爲什麼他們會在意這樣的問題呢？如果從科學的角度來看，親人死後就不存在了，對於這種不存在的人，又何必浪費時間與精力想要夢見他們？就算我們眞的夢見了，這樣的夢見也沒有意義。在此，唯一的意義就是，我們太在意自己和親人的關係，認爲如果沒有夢見親人，那就表示我們和親人生前的關係是假的。如果不是這樣，那麼在親人死後我們就不可能不夢見他們。因此，我們之所以會夢見親人，純粹只是個人的思念，與亡者是否死後還在一點關係都沒有。

　　然而，這只是所有可能情況中的一種。對有的人而言，他們所採取的觀點不見得就是科學的觀點。從他們的立場來看，科學的觀點也只是詮釋觀點中的一種，爲什麼所有的人非得都採取這一種不可？實際上，只要我們願意，我們是可以採取其他觀點的。就算我們採取了

其他的觀點，他人也不能從科學的觀點完全否定我們。之所以如此，是因為這樣的觀點雖然和現行的科學觀點不合，但是作為一種觀點，它並沒有被證實是假的，那麼我們當然就應該尊重它的可能性，不能任意地否定它，否則就不夠科學。

如果解釋親人入夢的觀點不只是科學的觀點，還可以允許其他的觀點，那麼這樣的觀點會是什麼？就我們所知，這樣的觀點就是承認人死後的存在是可能的。既然人死後還有存在的可能，那麼親人入夢的事情就是真的。可是，對於想夢見親人卻夢不到的家屬而言，親人為什麼一直不入夢就會變成一個問題。因為他們會很納悶，既然親人死後還在，生前和我們的關係又那麼近，那為什麼在他們死後和我們的關係反而愈來愈疏遠？如果不是這樣，那麼他們就應該出現在我們的夢中，而不是一直不入夢。

由此，家屬就會開始衍生出一些猜疑，開始懷疑自己的親人，認為親人和自己在生前的關係可能是假的。如果不是假的，那麼這樣的關係也是有問題的。如果關係沒有問題，都是正向的，而且彼此真的很親，那麼在親人死後他們就應該要入夢，而不是不入夢。現在，他們一直不入夢，由此可以反證，他們要不和我們的關係根本就沒有那麼親，要不和我們的關係根本就沒有融洽，背後可能隱藏著很大的衝突。

當這些猜測出現以後，對家屬而言，這時他們的心情就會更加負面。面對這些負面的情緒，如果我們沒有去理會它，讓它不斷孳生成長，那麼最後的惡果就是把家屬逼入死角。在這個時候，有的家屬就會出現一些負面的想法，認為親人既然不再理他們了，那麼他們在人間就成為棄兒，再也不會有人理會他們。既然如此，那麼他們的死活也不會有人在意。既然沒有人會在意，那麼他們又何必一定要苟延殘喘於人間，倒不如死了算了。對家屬而言，一旦出現了這樣的念頭，又碰巧沒有人注意到，那麼最後的結局可能就會以自殺收場。

　　因此，對於家屬之所以那麼想要夢見親人卻又夢不到的心理，我們要有所了解，才會感同身受，也才會想要幫助他們化解問題。如果對於他們的心理了解得不夠，而且站在自己主觀的立場來猜測，那麼對於家屬生存處境的急迫性就很難理解，也很難感同身受，這時可能就會輕忽，而不知道問題的嚴重性。因此，對於家屬這種心理的了解其實是很重要的，有助於我們了解問題的嚴重性。

　　那麼，我們應該如何協助他們？首先，我們有必要清楚了解他們的問題所在。對家屬而言，他們急於和親人重新建立關係。他們之所以有這樣的反應，可能是他們對於親人一直存在著依賴的關係。當親人還活著的時候，親人不只照顧他們的生活，還作為他們可以順利生存下去的依靠。因此，當死亡來臨時，親人驟然而逝，讓他們頓失依靠。在這種無依無靠的情況下，他們一般會有兩種不同的處理方式：一種是立刻尋找新的替代品；一種是藉由與親人的再聯繫來重建過去的關係。以下，我們先談第一種。

　　就第一種情形而言，有的家屬在遭遇親人死亡的衝擊時會有不知所措的反應。可是，這種無助的反應不會經歷太久，因為他們會很快地就在活著的人當中尋找到替代品。對他們而言，依靠的對象是誰並不重要，重要的是，一定要有一個依靠。如果少了這樣的依靠，那麼他們就不知道要如何存活。所以，對他們而言，親人去世的打擊固然很大，但只要能夠順利尋找到替代品，那麼這種打擊也就可以接受了，雖然經歷了短暫的悲傷，但在尋找到新的依靠以後自然就會化解。

　　不過，這裡還是會有風險存在。如果新的依靠者和舊的依靠者比較的結果，發現新不如舊，這時悲傷就會再起。之所以如此，是因為當事人對於可靠程度要求不同的結果。對他們而言，他們希望找到的新的依靠要比舊有的強，但是事與願違，沒想到找到的新依靠竟然比舊有的還差，他們很難接受這樣的結果，所以更加難過，認為自己愈

活愈不幸，否則不會有這樣的下場。對於這樣的新處境，這時就有需要悲傷輔導的介入，讓當事人清楚知道他們爲什麼會有這樣的反應出現，以及面對這樣的情況應該如何調整的做法。

由於本節的目的不在處理這個問題，所以對於這個問題的討論就暫時停在這裡。以下，我們繼續討論第二種情形。從第二種情形來看，當事人對於尋找替代品的想法並不認同。對他們而言，他們這一生唯一依賴的人就是他們的親人，現在親人已經死了，在人間要尋找這樣的依賴是不再可能了。既然不可能，但他們又非得有這樣的依賴不可，這時唯一的解決辦法就是重新與已故的親人取得聯繫。如果聯繫可以成功，那麼他們就會有繼續存活下去的動力。如果聯繫失敗，那麼他們就可能會採用極端的手段結束生命。所以，他們與親人之間關係的再聯繫就變得很重要，甚至於會影響到他們未來是否繼續活下去的意願。

其次，要怎麼樣才能幫他們化解問題？就我們所知，他們之所以會有問題，不是因爲他們和親人的關係不夠親密，也不是他們和親人之間存在著負面的陰影，而是他們自己的執念太深。爲什麼他們會有這樣的情況出現？是因爲他們實在太過依賴他們的親人。對他們而言，親人在生前就是他們的天和地，現在親人已經走了，他們的天地也毀了，這時他們就會不知所措，認爲自己很難獨活於人間。可是，不能獨活是一回事，需不需要獨活又是另外一回事。在不能自殺的情況下，他們只能選擇繼續活下去。然而，要活下去就必須有活下去的依靠。於是，與逝去的親人重新取得聯繫就是一種解決的方法。只要這種方法有效，他們自然就會繼續存活下去。

問題是，要如何讓這種方法有效？我們很難讓逝去的親人再活過來，那麼還有什麼辦法可以讓彼此的關係重新連結起來？一般而言，夢境會是一個很好的聯繫管道。因爲，只要亡者入夢，那麼生者就會感覺到他們和亡者之間的關係並沒有中斷。如果亡者不入夢，那麼生

者就會覺得亡者是否遺棄他們。所以，如何讓亡者入夢，對生者而言，這是重新連結彼此關係的一種方法。

可是，要連結並沒有那麼容易。因為，對亡者而言，他們要進入親人的夢境是有條件的。如果生者的執念太強，那麼亡者就很難進入生者的夢境。反之，如果生者的執念沒有那麼強，那麼亡者要進入生者的夢境就會比較容易。因此，生者執念的強弱是會影響到亡者入夢的可能性。既然如此，我們在面對這樣的問題時，就必須從執念本身著手。如果家屬真的是由於執念太強的結果，所以影響到亡者的入夢，這時我們的化解之道就是要求生者不要太過執著，讓他清楚知道唯有放下執念，亡者才有入夢的可能。

一旦這樣的勸說產生效果，那麼亡者自然就會出現在生者的夢境之中。這時，生者的罣礙也才有化解的可能。對悲傷輔導來講，這樣的重新連結有助於化解家屬的悲傷。當家屬發現親人並沒有遺棄他們，還是像生前那樣關懷他們，他們的心自然就可以安定下來，他們也就有繼續存活下去的勇氣，認為自己的確擁有獨活的能力。因為，在另外一個世界的親人一直都陪伴著他們。藉由陰陽兩界的相通，他們雖然表面看來是在獨活，但在實質上他們其實一直都有親人陪伴著，與他們一起存活下去。

由此可知，對有的家屬而言，親人死後是否入夢就是一個很重要的問題。只要他們能夠入夢，那麼他們對於自己在人間獨活的處境就能接受。因為，人間的獨活不代表他們真的獨活，而是與親人一起陰陽互通的活著。因此，他們的悲傷在經由夢境與親人相通之後就可以逐漸獲得化解。對我們而言，既然夢境可以產生效用，那麼如何善用這樣的夢境來幫助家屬，就成為身為悲傷輔導者的我們應當考慮的問題。

第五節　擔心親人在另外一個世界過得不好 是否需要燒更多的庫錢

　　現在，我們說明第四個案例，也就是擔心親人在另外一個世界過得不好，是否需要燒更多的庫錢。這個案例為什麼要放在第四個？是因為燒庫錢的行為一般都在出殯的時候。另外一個燒庫錢的時機是在清明掃墓的時候。當然，有時不見得出現在這兩個時間點，也可以是亡者托夢的結果。如果亡者托夢他們在另一個世界過得不太好，這時我們就會燒更多的庫錢給亡者，希望改善他們在另外一個世界的處境。所以，有關燒庫錢的情況大多是在辦完喪事以後。從這一點來看，把這個案例放在第四個也可以找到它的相關依據。

　　為什麼家屬會擔心這個問題？如果要合理解答這個問題，最簡單的做法就是訴諸這個世界的經驗。對家屬而言，一個人如果想要在這個世界好好地活著，那麼他就必須要有錢，而且最好是多多益善。因為，如果他沒有錢，那麼他不只在社會上寸步難行，甚至連活下去的資本都沒有。因此，一個人如果想要活得好一點，那麼他不但要有錢，而且是愈多愈好。受到這種經驗的影響，他們就會直覺地想像去世的親人在另外一個世界的處境應當也是一樣。如果沒有錢，那麼過得一定不好。只要有錢，那一定會過得不錯。

　　可是，這種直覺的想像是否正確呢？如果要正確，那麼它需要預設的前提是什麼？就我們所知，如果要讓這樣的直覺想像成為正確，那麼所需預設的前提就是親人死後的最後去處，基本上就是一個永恆不變的地方。正如早期道教的看法，人死後去的地府不是一個暫時居留的地方，而是一個永遠居留的地方。既然是永遠居留的地方，那麼要讓這樣的居留變得更加舒適，就必須考慮到金錢多寡的問題。如果

金錢擁有的多一點，那麼在地府的生活就會舒適一點。如果金錢擁有的太少，那麼在地府的生活就會比較難過。所以，在這種情況下，無論如何都應該多燒一點庫錢。唯有如此，我們的親人在另外一個世界才能過得比較舒適。

　　表面看來，這樣的預設對於我們多燒庫錢的作為可以給予一個合理的解釋。可是，這種合理的解釋是否真的符合道教的說法呢？如果從早期道教的說法來看，確實沒有理由否認這樣的說法。但這樣的說法並沒有維持太久。到了魏晉南北朝以後，受到佛教輪迴觀點的影響，道教也開始認為人的存在不是一世，除非得道成仙，否則人會一世一世地輪迴。在這種新的輪迴觀影響下，地府不再是一個永久居留地，它被轉換成暫時的懲罰地方。當人們還報他們在人間所犯的過錯以後，他們就可以離開這個暫時居留地去投胎轉世。對我們而言，今天所謂的道教說法，其實指的就是這一種說法，而不是早期的說法。

　　如果道教是一種輪迴的說法，那麼對於庫錢應該多燒一點的作為應當如何判斷？就一般的理解來講，什麼叫庫錢要多燒一點，這樣的多燒是有標準的，而不是漫無標準的燒。如果漫無標準，那麼多燒和少燒就很難判斷。可是，如果有一定的標準，那麼我們就比較容易判斷這樣的燒是多還是少。因此在判斷庫錢燒多還是燒少時，就必須先回到道教對於燒庫錢的說法。因為，只有在了解道教的標準以後，才算有了判斷的依據。

　　那道教對於燒庫錢的作為是怎麼說的？依道教所言，道教之所以要燒庫錢，主要不是為了累積財富，而是為了還庫錢。意思是說，我們來到人間之前，為了有錢可以花，所以事前向庫吏借錢。如果沒有借錢，那麼來到人間就不可能有錢花，這一生就會過得窮途潦倒。所以按照一般的情況，地府的庫吏都會依照我們上一世的作為借錢給我們，讓我們這一世過著應該過的生活。如果上一世累積的功德比較多，那麼這一世可用的錢就會比較多。當我們來到人間時，庫吏就會

借比較多的錢給我們，表示我們這一世可以享受更多的福報。如果上一世的功德比較少，那麼這一世可用的錢就會比較少，庫吏借給我們的錢就會比較少，表示我們這一世不能享有太多的福報。

根據這樣的說法，那麼對我們而言，要燒的庫錢就不可能太多。如果燒庫錢只是為了還庫，那麼還庫錢的數量是一定的，如屬牛的數量最多也只有三十六萬，而屬狗的數量最少也有六萬，超出這個數目都是多燒的。這時，為什麼還會出現多燒庫錢的問題呢？這是為了寄庫的需要。對家屬而言，他們擔心的不只是亡者的還庫問題，還要擔心祖先過去沒有還庫的問題，以及自己死後的還庫問題。因此，在眾多的考慮下，庫錢就不得不多燒。如果沒有多燒，萬一燒得不夠，不是祖先要繼續受罰，就是自己死後可能沒有錢還庫錢。

表面看來，這樣的擔心似乎很有道理。尤其在孝道的考慮下，這樣的作為就更被肯定。可是，事情真的有如上述所想那樣嗎？如果是那樣，那麼這樣的作為就沒有問題。如果不是那樣，這種作為就有問題。至於這樣的作為究竟有沒有問題，說真的，在沒有更深入的探討之前，我們實在很難下判斷。畢竟這樣的判斷是和孝道有關，如果我們任意下判斷，那麼影響的不只是家屬，就算亡者也會受到牽連。因為，少燒的結果就是家屬不孝，祖先或自己死後受害。

那麼，這樣的擔心是否應當？其實，只要深入思考就會發現問題所在。對亡者而言，他所需的就是還庫的數量。只要數量夠了，那麼就不需要多燒。如果多燒了，那麼多燒也沒有用。因為，亡者到地府去不是為了享福，而是受罰。既然受罰，當然罰得愈輕愈好。現在燒了很多錢給他，那不就表示我們希望他在地府待久一點。嚴格說來，這種待久一點的想法是一種不孝的想法。雖然我們的出發點不是這樣，但這樣作為的結果就是不孝。如果我們不想承擔這樣的罪名，那麼在亡者這一部分就不能多燒。

至於幫祖先還庫錢的想法看似很孝順，但孝不孝順還要看實際的

情況。就我們所知，祖先庫錢有沒有還，要看當時的狀況。如果當時沒有還，那麼當時就會受罰，根本就不可能欠債欠到現在。如果祖先所欠的債不能欠到現在，那麼現在想要幫他們還，這樣的想法就是一種自以為是的想法，經不起批判的反省。更何況，孝子賢孫不會只有我們，我們的祖先在世的時候也可能會有這樣的想法，難道他們就不會幫忙還嗎？所以，一旦我們有了這種想法，就會知道其實是有問題的，沒有表面看的那麼合理。

此外，還有為自己未來死後做準備。表面看來，這種未雨綢繆的想法也沒有錯。因為，在運氣不好的時候，有時也真的會出現不孝子孫，不是沒有能力幫我們還庫，就是有能力卻不願意幫我們還庫，或是根本就不相信有幫我們還庫的必要。對於這些情況，我們確實有未雨綢繆的需要。可是，我們怎麼知道自己死後的境遇會是這樣？如果真的這樣，那麼我們可能就要檢討自己，問自己是怎麼教育下一代的，怎麼會把他們教育成這樣？如果不是，那不就陷自己的孩子於不義，彷彿他們未來在我們死後真的會很不孝。

經過上述的反省，我們就可以知道表面看起來孝順的行為不見得就那麼孝順，相反地，表面看起來沒有那麼孝順的行為也不見得就是不孝。判定一個行為孝不孝順，嚴格來說，是要從整個教義的要求上來看。如果它要求多燒才算孝順，那我們當然就要配合多燒。如果它不要求多燒，那麼多燒的結果就是不孝。所以，要怎麼燒不是我們自己說了算，也不是傳統說了算，而要依據教義的說法。只要教義這樣說，那麼我們就這樣配合。如果教義沒有這樣說，那麼我們就不要配合。唯有這樣的作為，才能算是符合真正道教教義的做法。

對於家屬希望藉由多燒庫錢的做法來幫助亡者改變他們死後的際遇，我們從悲傷輔導的角度應當如何回應？表面看來，配合家屬的做法是一種適切回應的方式。因為，家屬有這個需求，而我們配合滿足家屬這個需求，這樣的結果就可以讓家屬安心。既然家屬都安心了，

那麼家屬的悲傷當然就可以化解，我們又何必質疑他們的做法，讓他們深陷不安當中，甚至於認為自己很不孝。

的確，配合家屬的需求確實很重要。可是，我們不要忘了，所謂的孝順不是只有家屬這邊，它還有亡者那邊。如果家屬這邊得到了滿足，而亡者那邊卻沒有得到滿足，那這樣的孝順也不見得就是真的孝順。如果要談論真的孝順，那這樣的孝順就必須同時滿足家屬和亡者的需求。更何況，今天需要燒庫錢的人是亡者而不是家屬。既然不是家屬，那麼在燒庫錢的作為上當然就必須以亡者的需求為主。如果亡者需要多燒，那麼家屬就配合多燒。如果亡者不需要多燒，那麼家屬就配合少燒。如此一來，根據亡者的需求為主，自然就不會產生問題，也可以讓家屬燒得安心。

由此可知，怎麼燒是要依據亡者的需求，而不是按照家屬的想法或殯葬業者的想法。可是，有關燒庫錢的問題討論不能只停留在這裡，因為對於亡者的幫助就會顯得比較消極。在此，我們的理由是，燒庫錢的作為只是為了還庫。就算我們真的幫親人還了庫錢，也不能讓我們的親人在地府少受一點罰。從這一點來看，我們就會發現還庫的作為在悲傷輔導上其實作用並不大。如果我們希望作用大一點，就不能只停留在這樣的消極作為上，而要有進一步的積極作為。

那麼，積極作為指的是什麼？要怎麼做才能讓家屬的悲傷得到比較好的化解？對於這個問題，我們的答案就必須扣緊道教的教義。因為，道教的教義決定亡者在地府的際遇。如果道教認為亡者的際遇是由過來決定，那麼如何協助亡者除過，這樣的幫助就很重要。只要家屬可以協助亡者除過，那麼亡者在地府受罰的情況就會改善許多。這時，家屬不僅會被認為孝順，還可以在除過的過程中逐漸化解自己的悲傷。由此可見，如何協助亡者除過，在化解家屬的悲傷上是有很大效用的。

問題是，要怎麼做才能達到這樣的效果？對道教而言，要除過

就必須悔過。如果沒有悔過的過程，那麼要除過就會變得很困難。如果亡者可以真心悔過，那麼要除過就會變得比較簡單。因為，人之所以要在地府懲罰，其實不是地府要懲罰我們，而是我們自己在懲罰自己。如果可以真心悔過，那麼在悔過的過程中，我們的心就會逐漸從過錯中脫離。這時，就會有愈來愈輕鬆的感覺，彷彿自己不再受罰。

可是，只有自己悔過還不夠。因為，承認錯誤固然是一種贖罪的方式，但只有贖罪，最多只能讓自己好受一點，並不見得真能讓自己往好的方向走。如果要往好的方向走，當然要有好的引導。對道教而言，這樣的引導就必須藉由持誦太乙救苦天尊的聖號。只要亡者能夠在家屬的協助下持誦太乙救苦天尊的聖號，那麼亡者就能逐漸與道合一。一旦亡者的心與道合一，那麼過去一切的過也就都能化解，自然就有機會可以前往東方長樂淨土。

對家屬而言，這一步的達成對他們的悲傷最有化解的效果。理由其實很清楚，家屬之所以會悲傷，是因為他們擔心亡者在地府會受罰。現在，亡者不但不須受罰，還有機會可以前往東方長樂淨土，對家屬而言，這樣的轉化是一種肯定他們能力的成果。因此基於這樣的成果，家屬原先的無力感就可以獲得徹底的化解。這時，家屬隨著信心的增加就更能肯定自己存在的價值，也更有信心過一個沒有親人陪伴的未來。

 # 第六節　死亡體驗活動

最後，說明第五個案例，也就是死亡體驗。從表面來看，這樣的案例似乎很奇怪。之所以奇怪，是因為我們很容易出現的一個質疑，就是人可以體驗死亡嗎？如果人可以體驗死亡，那麼這樣的案例就不會奇怪。如果人不可能體驗死亡，那麼這樣的案例就會顯得很奇怪。

到底人有沒有可能體驗死亡？對於這個問題，不是隨便回答就可以，是需要經過層層的辯證。如果沒有經過層層的辯證，那麼在無法體驗死亡的情況下，又有什麼樣的資格可以說我們有能力可以提供悲傷輔導？由此可見，對於這個問題的答案決定了我們是否有資格可以提供悲傷輔導的作為。

如果是這樣，那麼死亡體驗究竟有沒有可能？從科學的角度來看，這樣的體驗是不可能的。理由非常清楚，就是人一旦體驗死亡，如果成功了，那麼體驗的人就變成死人，這時，這樣的體驗就沒有意義，因為，他再也不能回來和我們分享體驗的結果。如果失敗了，那麼這樣的體驗還夠格稱為死亡體驗嗎？如果不夠格稱為死亡體驗，那麼這樣的體驗就沒有意義。畢竟這時我們所體驗的，無論它是什麼，這樣的體驗都和死亡無關。

這麼說來，人是不可能體驗死亡的。表面看來，根據經驗的標準，這樣的體驗的確不可能。不過，我們不要忘了，人對事物的體驗管道不是只有一種，它有很多種。例如透過理性的虛擬方式，人也可以體驗經驗所無法體驗的。既然理性的虛擬可以幫助我們體驗經驗所無法體驗的，那麼這樣的體驗也可以具有一定的效力。雖然不能完全取代經驗，至少可以接近經驗。所以，按照這樣的方式來看，我們對於死亡還是有辦法可以體驗的。

既然人可以藉由理性的虛擬方式來體驗死亡，那麼對於這樣的體驗內容我們應該如何設計才能接近真實的狀況？對此，在不同的時代有不同的設計內容。當我們在一個死亡禁忌十分強烈的年代，只要談論到死亡的課題，這樣的談論就會產生很強烈的效果。之所以如此，不是因為他們介入死亡很深，而是因為他們從來就沒有談論過死亡，一旦談論過後，彷彿他們已經死過似的。對他們而言，這樣的設計內容就夠震撼的，並不需要做更多的設計。

可是，隨著死亡禁忌的打破，這樣的談論顯然就不夠了。因為，

對他們而言，只有談論並沒有什麼了不起，他們也不會把這樣的談論和死亡的發生完全扯在一起，認為它們就是同一件事情。這時，如果要讓他們體驗，那麼就必須設計更多的內容進來，例如遺囑的書寫。那麼，為什麼書寫遺囑就可以讓他們體驗死亡呢？這是因為談論死亡可以把談論的內容對象化，讓死亡成為一個客觀的知識課題，與自己的生死無關。可是，書寫遺囑就不一樣。當我們在書寫遺囑的時候，彷彿我們即將死亡，這時，很容易就會產生類似死亡將至的感覺。透過這種感覺，我們就可以近似地體會到了死亡。

　　由上述的討論來看，人在體驗死亡時，相關的體驗內容是會隨著時代的不同而改變。當死亡的禁忌愈強時，這時的體驗內容就愈簡單。當死亡的禁忌愈弱時，這時的體驗內容就愈複雜。到了二十一世紀，人對於死亡體驗內容的設計就更加地複雜。尤其是，當人們開始覺察到死亡也可以體驗以後，有的人就會把死亡體驗看成是一種遊戲。既然是一種遊戲，那麼就以遊戲的心態面對。這樣面對的結果，有關死亡體驗的感受就會失真。一旦體驗失真，那麼這樣的死亡體驗就不再有意義。因此，為了讓死亡體驗有意義，只好繼續加大複雜的程度，使體驗的人沒有能力猜測。這麼一來，死亡體驗才能恢復它的真實性。

　　那麼，死亡體驗要做到什麼程度才會讓這樣的體驗似真？在此，模仿亡者的實際殯葬行為就成為一個可資參考的作為。這樣的作為包括哪些內容？其中，除了遺囑的書寫以外，還包括壽衣的穿著、躺棺的體驗和封棺的體驗、告別式的舉行等等。對許多人而言，只有談論死亡他們並不在意，只有書寫遺囑他們也不在意。因為，這兩項作為都可以加以客觀化地處理。當它們在客觀化的處理時，這些作為就會失去與主體的相關性，使執行這樣作為的人不再有感覺，只是把它們看成是一種純粹客觀的作為。在這種情況下，要當事人藉由這些作為來體驗死亡就會變得不可能。

　　不過，如果我們的設計內容改變了，不再只是談論死亡，也不再只是書寫遺囑，而是讓他們親自體驗死亡處理的過程，那麼這時他們要把它看成只是一種遊戲就會比較困難。因為，遊戲是把自己置身度外，而體驗處理死亡的過程是要親身參與，不但要親自參加自己的告別式，還要親自躺在棺材裡模擬蓋棺後的情況，使得自己難以脫身，自然也就不易客觀化、對象化，那麼這時要當事人生出死亡體驗的感受就會比較容易。經由這樣的過程，我們就可以讓參與者感受到死亡。

　　至此，我們自然就會出現一個疑問，就是在悲傷輔導的培訓上這樣的體驗到底有何用意？如果我們不做這樣的體驗，難道就沒有資格提供悲傷輔導的服務了嗎？對於這個問題，需要我們做更多的思考。因為，根據現代專業培訓的做法，有許多專業是不需要親自體驗相關服務的內容，它們要的就是按照相關專業的規定提供服務。只要他們有能力提供這樣的服務，那麼我們就不能質疑相關服務的專業度。唯一有的判斷標準，就是依據專業的規定來看提供專業服務的人是否有符合這樣的專業要求。

　　這樣看來，對於悲傷輔導專業人才的培訓是否也可以依樣畫葫蘆？從表面來看，要這樣做似乎也沒有什麼不可以。因為，對現代的專業培訓而言，要培訓的不是經驗，而是知識。既然是知識，那麼只要按照專業的規定來培訓就可以了，實在沒有必要再和類似經驗的體驗牽扯上關係。如果真是這樣，那麼只有知識的培訓也就夠了。這麼說來，有關悲傷輔導專業人才的培訓似乎就不需要經過死亡的體驗。

　　可是，沒有經過死亡體驗的悲傷輔導專業培訓，難道就真的可以滿足這個專業的需求？在此，我們需要進一步區分兩種不同的專業：一種是與人無關的專業；一種是與人有關的專業。對那些與人無關的專業，無論被培養的對象是誰，只要他能滿足這個專業的要求，那麼他的培訓就算是成功了。如果有人質疑，那麼對於這個專業它還可以

借助證照考試來證實它的培訓是成功的。經過這樣的專業認證之後，就再也沒有人會質疑這種培訓的成果。

至於另外一種情形，也就是針對與人有關的專業，它的要求就不一樣。的確，我們可以根據專業的規定來培訓人。但是，這樣培訓出來的結果就只能說滿足了基本要求，並不能說這樣培訓出來的人未來在服務時就會服務得很好。之所以如此，是因為與人有關的專業，當它在培訓人的時候，如果只從知識著手，缺乏實際體驗，那麼這時培訓出來的人就只能按照規定內的知識來服務，沒有辦法針對個人不同的需求而調整。可是，對被服務的對象而言，他們每一個人都不一樣，如果提供服務的人欠缺相關的體驗，那麼他就很難去想像這種服務對象的差異性。

倘若提供服務的人在培訓過程中接受的培訓內容不只是知識，也包含體驗，那麼在服務的時候他就會變得比較細膩，也比較人性，知道被服務的對象可能存在著差異性，必須針對個人的狀況重新認識，而不能只是制式的反應。在重新認識以後，才能根據新的認識提供相應的服務。否則，在只有制式服務的情況下，無論這樣的服務有多專業，都不可能達到人性化的層級，最多只能說這樣的服務真的很有品質。

經由上述的說明，我們現在真的清楚了解到，為什麼有關悲傷輔導專業人才的培訓需要有死亡體驗活動的安排。因為，如果不安排相關的體驗活動，只是做單純知識的培訓，那麼到時要提供服務的時候，就會發現所提供的服務不但不夠人性化，還很難滿足當事人的人性需求，甚至是與當事人有關問題的解決。因此，為了提升服務的水準，也為了讓這樣的服務真的可以幫助到家屬，甚至於幫家屬解決問題，我們需要有死亡的體驗安排。

那麼，這樣的體驗可以為我們帶來什麼助益？由於死亡是不能經驗的，所以透過這樣的體驗，我們就能用虛擬的方式體驗死亡。在體

驗死亡的過程中，除了感受自己生命即將消失的悲傷之外，也能體會自己的親人對自己即將遠去的不捨與悲痛。經由這樣的感受與體會，未來我們在提供悲傷輔導的服務時就會感受比較真切，不會認為這樣的反應純粹只是書本上的教條。這麼一來，對被服務的家屬而言，他們就不只是一個需要被處理的問題，而是一位需要被關懷的人，甚至於是有問題需要解決的人。只要我們有能力協助他解決問題，那麼他的生命就不只是遠離悲傷而已，還可以因此成為某種圓滿的生命。

從這一點來看，死亡體驗活動的安排不只是悲傷輔導專業訓練的一環，還是覺察自己生命的一環。對一般人而言，他們平常不見得會有時間省思自己，也不見得會有機會省思自己，甚至連有沒有能力省思自己的生命都是一個疑問。現在，經由這樣的體驗活動，我們不但被迫面對自己的死亡，也讓自己有機會可以省思自己的生命，看看這樣的生命自己是否覺得滿意？如果滿意，那麼就繼續進行下去，直到死亡降臨。如果不滿意，那麼就趁機改變自己，另外尋找新的出路。只要找的出路沒有問題，未來都有機會可以圓滿我們自己的生命。對我們而言，這樣的收穫是在悲傷輔導之外的另一個意外收穫。

 ## 第七節　小結

總結上述的探討，我們可以做一個簡單的結論。對我們而言，在悲傷輔導的培訓上我們需要兩方面的培訓：一方面就是對於悲傷的人讓我們有專業的能力可以協助他們化解悲傷，在此我們提供了四個案例；另一方面就是讓我們對於自己的生死有所體會，並經由這樣的體會培養自己對於服務對象的敏感度，甚至利用這樣的機會覺察自己的生命，抉擇自己的生命，圓滿自己的生命。

就前面四個案例而言，除了需要知道這些案例的內容以外，還需

要了解這些案例為什麼會是這樣，其中含藏的理由是什麼？最後，我們還要了解面對這樣的案例時可以怎麼化解？應該抱持什麼樣的理由以及用什麼樣的方法，甚至於這樣的方法要怎麼用才會比較恰當？經過這樣的了解，當我們在正式提供家屬悲傷輔導服務的時候就會有能力好好地提供服務，設法幫助家屬化解死亡所帶來的悲傷問題，而不至於隨隨便便地服務，以至於影響了家屬未來的幸福。

就最後一個案例而言，我們知道這個案例是為了我們自己的體驗而設。之所以要設置這個案例，是因為我們對於死亡都沒有經驗。即使有親人死亡的經驗，但不見得會體會得那麼貼切。為了讓接受悲傷輔導培訓的人對死亡體會有真實感，所以在此特別安排這樣的活動，一方面培養對所服務對象的敏感度；一方面藉由這個機會體察自己的生命，好好了解自己的生命，成就自己的生命，讓自己的生命有機會得以圓滿。

參考文獻

一、專書

J. William Worden 著，李開敏、林方皓、張玉仕、葛書倫譯，《悲傷輔導與
　　悲傷治療　心理衛生實務工作者手冊》（臺北市：心理出版社股份有限
　　公司，2004年11月）。

林綺雲、張菀珍等著，《臨終與生死關懷》（臺北市：華都文化事業有限
　　公司，2010年5月）。

尉遲淦編撰，《生命關懷手冊》（臺南市：臺南市政府，2004年1月）。

尉遲淦著，《殯葬臨終關懷》（新北市，威仕曼文化事業股份有限公司，
　　2009年11月）。

尉遲淦著，《禮儀師與殯葬服務》（新北市：威仕曼文化事業股份有限公
　　司，2011年7月）。

尉遲淦著，《殯葬生死觀》（新北市：揚智文化事業股份有限公司，2017
　　年3月）。

尉遲淦著，《悲傷輔導研習手冊》，第一章和第二章，即將出版。

曾煥棠、胡文郁、陳芳玲編著，《臨終與後續關懷》（新北市：國立空中
　　大學，2008年12月）。

傅偉勳著，《死亡的尊嚴與生命的尊嚴：從臨終精神醫學到現代生死學》
　　（臺北市：正中書局，1993年7月）。

楊炯山著，《喪葬禮儀》（新竹市：竹林書局，1998年3月）。

鄭志明、尉遲淦著，《殯葬倫理與宗教》（新北市：國立空中大學，2008
　　年8月）。

二、期刊

尉遲淦撰，〈預立遺囑應有的內涵——從輔英科技大學生死學課程遺囑書
　　寫談起〉，《輔英通識教育年刊（第二集）》（高雄市：輔英科技大
　　學，2003年7月）。

尉遲淦撰，〈從悲傷輔導的角度省思傳統禮俗改革的方向〉，《中華禮
儀》第二十四期（臺北市：中華殯葬禮儀協會，2011年5月）。

尉遲淦撰，〈有關清明焚燒紙錢環保之外的建議〉，《中華禮儀》第三十
期（臺北市：中華殯葬禮儀協會，2014年6月）。

尉遲淦撰，〈悲傷輔導融入殯葬的時機與方式〉，《中華禮儀》第三十三
期（臺北市：中華殯葬禮儀協會，2015年12月）。

三、研討會論文

尉遲淦撰，〈從殯葬改革談清明祭掃與孝道實踐〉，《第三屆海峽兩岸清
明文化論壇論文集》（上海市：上海市公共關係研究院、財團法人章
亞若教育基金會主辦，2013年3月）。

尉遲淦撰，〈由生死議題談喪葬關懷〉，《國際道教2018生命關懷與臨終
助禱學術論壇論文集》（高雄市：中華太乙道教會、國立臺中科技大
學應用中文系主辦，九陽道善堂承辦，2018年10月）。

尉遲淦撰，〈傳統禮俗角度下的生死圓滿〉，《第十六屆現代生死學理論
建構學術研討會會議手冊》（嘉義縣：教育部生命教育中心主辦，南
華大學生死學系〔所〕、南華大學生命禮儀研究中心承辦，2020年6
月）。

附　錄

附錄一　如何協助臨終者走過悲傷

Q：臨終者面對死亡所產生的悲傷是否能夠自行化解？

A：一般而言，我們雖然都認為人有能力化解自己的問題，不過在面對死亡所產生的問題時似乎情況有些不同，一方面固然是因為人對於死亡沒有經驗，以至於人不知道應該如何面對臨終會較恰當；一方面則是因為人們面對死亡是屬於私密的事情，因而不易找到參考的對象。所以，死亡雖然是人們不得不面對的終局，卻是人的本能無法從容面對的。對於臨終者而言，面對死亡所產生的悲傷要如何化解是需要學習的。

Q：過去的臨終者從何管道獲得如何面對臨終的資訊？

A：由於人對於臨終都沒有經驗，因此過去的人是經由家族中長輩的臨終獲得經驗，並在長輩的臨終處理中得到相關的知識，認為只要完成傳統對於臨終的相關要求，我們就能無憾的離去，也就是善終。

Q：傳統對於臨終的面對相關流程為何？

A：傳統對於臨終的面對有一套具體流程，認為人經由這套流程就能坦然面對死亡。這套流程程序如下：觀察、搬舖（拼廳）、見最後一面、交代遺言。

就觀察而言，主要在於觀看長輩是否出現臨終的徵兆。這些徵兆可以從生理與心理的許多方面觀察到，例如在生理方面，呼吸的部分是否有進少出多的現象，氣色的部分是否有黯然無光的現象，身體的部分是否有手腳腫脹的現象，病重是否有突然好轉的迴光返照現象；在心理方面，病人是否有突然要求回家的請求，

或是夢見、看見往生親人來接的說詞。

一旦有了上述的現象出現，表示長輩已經進入臨終的狀態。這時，臨終者的家人就必須將臨終者從寢室移至正廳。這種遷移的動作，就叫做搬舖。目的除了告知長輩死亡的來臨，讓長輩有時間從容面對死亡外，還讓家人有時間準備長輩的死亡。

那麼，搬舖為何要搬到正廳呢？這是因為正廳為一家當中福氣最勝之處，平日為神明與祖先居住之處，臨終時長輩要在此處與神明與祖先惜別，表示個人現世責任已了，可以無愧地返回老家。

在搬舖之後，一家人都必須到齊，圍繞在長輩旁邊，見最後一面。這樣做的意義在於表示一家人永遠都會團聚在一起，長輩可以放心的離去，不用擔心家族是否和諧傳承的問題。

至於見最後一面的做法，用意則在讓長輩有機會交代相關的遺言，目的除了對自己做交代，表示責任已了之外，還在於讓家人了解傳承的責任為何，應如何將之發揚光大。

Q：傳統對於面對臨終的相關內容為何？

A：傳統對於面對臨終是有一套處理的內容，認為只要滿足這套處理的內容，那麼這樣的臨終結果就是善終，否則就不能算是善終。

這套處理的內容主要包括：家族權力的傳承、財產的分配、家訓的要求、家規的遵守與遺言的交代。

其中，家族權力的傳承，主要在於讓這個家族能夠綿延不絕；財產的分配，主要在於讓這個家族中的人都能衣食無缺；家訓的要求，主要在於避免讓這個家族中的人數典忘祖，長憶祖先開創的精神；家規的遵守，主要在於讓這個家族中的人有為有守，不會逾越祖先定下的規矩；遺言的交代，主要在於讓這個家族中的人了解長輩的期許與自身應負的責任。

Q：現代人面對自己的臨終可能有的問題？

A：由於傳統對於臨終處理的相關知識已經在時代的變遷中失傳，所以現代人對於自己應當如何面對自己的臨終就陷入無所適從的境地。在這樣的情況下，我們有必要先了解在面對臨終時可能遭遇的問題有哪些，以便進一步的認識與化解。一般而言，我們在面對臨終時可以有兩種主要的態度：一種是逃避，一種是面對。

就逃避而言，人們在面對死亡時會有逃避的反應其實是很正常的，這是因為我們的文化對於死亡採取避諱的做法所致。在這樣的文化陶冶下，對於死亡當然只有採取逃避的策略。問題是，這樣的逃避並沒有讓我們免於死亡的威脅，反而在逃避中失去了面對臨終的機會，以至於無法化解因為死亡所帶來的悲傷。就面對而言，表面看來，能夠面對自己的臨終應當就能化解自己因為死亡所帶來的悲傷。事實上卻不是這樣。因為，能夠面對自己的臨終是一回事，懂得如何面對自己的臨終是另外一回事。

在面對自己的臨終時，有下述幾個主要問題需要解決：第一個是有關死亡的過程。我們常常會擔心死亡過程是否會痛苦的問題，認為痛苦會讓我們無法面對自己的臨終，更無法讓我們化解自己因為死亡所帶來的悲傷問題。此外，死亡的歷程為何也是我們面對臨終時會擔心的問題。因為，對死亡過程的無知會讓我們陷入迷亂當中，無法在臨終時適時化解死亡所帶來的悲傷。第二個是有關死後的生命。對於臨終者而言，死後生命歸宿的安排也會影響臨終者的悲傷問題。因為，一個人如果無法對自己的死後歸宿有一確切的看法，那麼他的生命一定會陷於恐慌當中，無法得到真實的安頓。這時，他必定無法化解死亡所帶來的悲傷。第三個是有關遺願的問題。例如，個人的心願，無論這個心願是屬於個人自己希望完成的，還是有關親人託付的，當一個人還有未了的心願時，他就會受到這些心願的牽扯而無法安心面對自己的臨

終，也無法化解死亡所帶來的悲傷問題。

Q：現代人在面對自己的臨終時如何從逃避轉向面對？

A：過去傳統告訴我們面對死亡是很可怕的，因此希望在傳統的安排中化解我們面對死亡的壓力問題。可是，現在我們已經沒有傳統的安排可以作為依靠，只好透過自己去面對。如果不去面對而只是逃避，那麼我們將無法化解自己面對死亡所帶來的悲傷。為了讓自己不至於陷入死亡的悲傷當中後悔莫及，我們只能好好的面對。

但是，要怎樣做才能從逃避轉向面對？首先，我們要了解逃避的原因；其次，根據逃避的原因尋求化解的對策。一般而言，我們之所以逃避死亡，除了傳統觀念的影響外，個人對死亡的經驗也是很重要的因素。此外，對死亡的無知也是主要因素之一。

就傳統觀念的影響而言，傳統告訴我們生命是一件好事，死亡是一件凶事。因為，生命代表的是希望，死亡代表的是絕望。一個人如果要好好的活著，那麼他就必須好生惡死。因此，在這種觀念的影響下，死亡變得不受歡迎。問題是，這樣的觀念並沒有幫助我們解決死亡所帶來的悲傷問題。相反地，它讓我們深陷死亡的悲傷當中。

為了重新面對死亡，我們必須改變某些傳統既有的想法，這樣才能化逃避為面對，解決死亡所帶來的悲傷問題。例如，活著一定是好的，死亡一定是不好的，這種想法太把某種價值絕對化了，忘記生死的相對性。對人而言，有生即有死，是一件正常的事，因此，我們不能只肯定生而不肯定死。又如，活著代表希望，死亡代表絕望。這種想法誤把生死的事實當成判斷的標準，忘記決定生死是希望或絕望的關鍵，不在事實本身，而在我們如何去面對的方式。如果我們懂得如何去規劃，絕望也可以變希望。如果

不懂如何去規劃，希望也會變絕望。所以，關鍵在於我們的規劃，而不在於生死事實所帶給我們的表面印象。

就個人對死亡的經驗而言，通常是透過親友對於死亡的處理與喪禮形成的。在此，我們發現的確有一些做法容易形成負面的印象。例如，當親友死亡時，我們一般都會以痛哭失聲來代表我們的哀痛。這樣的表達方式，讓我們有了死亡是一件非常不幸的想法。又如，在親友死亡後，我們一般都會禁止孩童接近亡者，讓孩童認為死亡是件恐怖不可親近的事。再如，喪禮場面氣氛的陰森恐怖，容易讓我們感受到死亡的絕望與可怕。

面對這樣的負面印象，我們其實不太容易予以改變。因為，過去的印象已然造成，即使要改變也無法再重回過去。唯一改變負面印象的方式，就是讓臨終者了解現在對於死亡處理的方式與喪禮的做法和以前截然不同。因此，我們必須具體的表達現在有的處理方式與做法為何。通常的做法是，先展示相關的硬體設施圖片，不過不告訴臨終者這是何種設施，在臨終者表示肯定欣賞之餘，再予以公布謎底，讓臨終者有一正面的印象產生。

就對死亡的無知而言，這是來自於過去對於死亡的逃避，以至於有關死亡的了解都會被認為是一件不吉利的事。因此，我們不但在家庭當中盡可能不談論死亡的話題，就是在教育當中也盡可能不涉及死亡的內容。如此一來，我們就只會害怕死亡，而不知道如何去了解死亡。

因此，如果我們要化解無知所帶來的恐懼，最好的做法就是用了解替代逃避。那麼，要如何了解死亡才會讓我們從逃避轉向面對呢？第一要務就是破除談論死亡會帶來不吉利的想法，讓臨終者知道談論死亡與遭遇死亡是不相干的事。此外，還要進一步讓臨終者知道，對死亡的認知愈多，就愈能面對死亡，知道如何化解死亡所帶來的悲傷問題。

Q：現代人如何面對死亡過程所產生的問題？

A：對於現代人而言，關於死亡過程的面對有許多問題需要解決。其中，有兩個主要的問題值得我們關懷：一個是死亡過程會不會痛苦，一個是死亡過程的內容為何。

就第一個問題而言，死亡過程會不會痛苦是每個臨終者都會關懷的問題。因為，對他們而言，痛苦是每個臨終者之所以逃避死亡的主要原因之一。如果死亡的過程可以不痛苦，那麼死亡對人的負面影響就會少一些，臨終者就較能接受死亡，也較不會受到悲傷問題的影響。可惜的是，一般宗教與醫學對於死亡過程的描繪都認為是痛苦的。例如，宗教上就會把死亡的過程描繪的好像蛇蛻皮、龜脫殼；醫學上則會把死亡的過程描繪成身體細胞逐漸死亡的過程。在這樣的描繪中，我們似乎很難逃開痛苦的威脅。

既然如此，那麼要怎樣做才能減輕死亡所帶來的痛苦？由於死亡的痛苦是一種主觀的感受，因此我們只要針對這個部分做處理就可以了。其中，做法有很多種。例如，在臨終過程給予嗎啡的注射，讓臨終者在睡眠當中進入死亡的境地；或是藉由宗教儀式的輔助，像助念的儀式，讓臨終者在轉移注意力的情況下進入死亡的境地；或是藉由音樂的幫助，讓臨終者可以在樂聲的引導下心平氣和的離開人世。

就第二個問題而言，死亡的過程會有怎樣的際遇也是每一個臨終者關懷的問題。對臨終者而言，死亡的過程會有怎樣的際遇會影響他們對於死亡的態度與看法。如果他們對於死亡的過程完全無知，那麼他們對於死亡就會恐慌，甚至無所適從。如果他們對於死亡過程有所了解，那麼他們就會知道該如何面對。所以，了解死亡過程有助於指引臨終者如何以積極的態度面對死亡。

就醫學的了解而言，死亡過程是一個身體細胞逐漸死亡的過程。因此，對於一個沒有宗教信仰的人，我們可以藉著這樣的解釋幫

助他，讓他了解死亡的過程爲何，並透過這樣的了解一步一步地通過死亡，形成一種有成就的知性之旅。如此一來，他就不會因爲對死亡過程的無知而感到困惑恐慌，也就可以免除因爲無知所產生的悲傷。

就宗教的了解而言，死亡過程則是靈魂或神識脫離身體的過程。以佛教爲例，一般神識的脫離身體，最初是經過四大分解的過程，接著進入意識分解的過程，最後進入中陰身的狀態。這個過程通過時間的長短，通常要看臨終者對於生命執著的程度而定。如果我們生前就造了很多的業，那麼神識脫離身體的時間就會比較長。如果我們生前造的業比較少，那麼神識脫離身體的時間就會比較短。不過，造業雖然會決定我們神識脫離身體的時間，但眞正的關鍵則在於人的自覺與放下。倘若一個人在臨終時能夠自覺死亡不是生命的永恆終止，而是生命解脫的機會，那麼他就會放下一切，讓生命進入無所執著的空境。如此一來，死亡過程的任何際遇都不會撼動他的心，他自然就可以明悟自在地通過死亡的過程，而沒有一絲一毫地困惑與恐慌。

Q：現代人如何面對死後生命的問題？

A：對現代人而言，死後生命問題的解答一般受到科學與宗教的影響。有的人採取科學的觀點，認爲死後生命根本就不存在，因此，人只有現世的生命。有的人則採取宗教的觀點，認爲死後生命是存在的，因此，人除了現世生命，還有來世的生命。至於來世的生命，可以是另一世的生命，也可以是永恆的生命或解脫的生命。那麼，這些不同的觀點如何來化解面對臨終所產生的悲傷問題？

就科學的觀點而言，死後生命根本就不存在，只有現世生命才是眞實的。對於一個採取這種觀點的臨終者，他如果想要避免死亡

所帶來的悲傷，那麼就必須把焦點放在現世上，放棄一切身後的想法。換句話說，他只能思考生前的問題，而不能碰觸任何身後的問題。因此，他必須充分肯定自己這一生的價值。這樣做，他才不會在臨終時後悔遺憾。

就宗教的觀點而言，死後生命不但存在，還有成為永恆或徹底解脫的可能。對於一個採取這種觀點的臨終者，現世對他而言就不是生命的終點，來世或永恆、解脫的生命才是關注的焦點。所以，他不會將全部的心力放在現世生命的肯定上，而會將生命的重心放在來世或永恆、解脫生命的面對上。問題是，在面對來世或永恆、解脫的生命時，我們會擔心這樣的面對是否恰當，會不會無法達成我們的心願。也就是說，我們會不會無法順利過渡到來世，或無法臻於永恆、解脫的境地。因此，為了達成上述的目標，讓臨終者化解面對臨終所帶來的悲傷，我們建議臨終者採取下列的策略：第一，將現世與來世（含永恆生命或解脫生命）予以清楚定位，讓彼此不會互相干擾，即現世是現世，來世是來世；第二，堅信來世生命的真實性，不受任何生前因素的影響，如人間事務的干擾，也不受死亡過程際遇的影響，如過程中景象的干擾；第三，不再區別過程與目的地的不同，讓臨終者的生命進入與所要到的歸宿無分別的境地。

Q：現代人如何面對遺願的問題？

A：對現代人而言，解決遺願問題也是臨終者的悲傷是否可以順利化解的關鍵之一。就一般人而言，遺願問題可以是個人心願是否實現的問題，也可以是親人託付的問題。

就個人心願是否實現的問題而言，通常如果一個人的心願沒有完成，那麼他就會很在意。一旦在意，那麼在臨終時就會造成困擾。這種困擾會讓臨終者無法順利放下對於現世的執著。因此，

在他離開人世時就會覺得懊惱後悔。例如，有人希望自己能夠拿個博士學位；有人希望自己的喪禮要如何辦。所以，協助臨終者實現心願是讓臨終者走得沒有悲傷的一種做法。然而，有的時候臨終者對於自己的心願覺察的太晚，或根本就沒有能力去完成，這時，我們所能做的就是勸其放下，經由內心的轉化，將這樣的心願當成可有可無之物。

就親人託付的問題而言，倘若親人都已經能夠獨立自主，當然就沒有託付的問題存在，頂多只有囑咐、叮嚀的問題。如果親人尚未達到獨立自主的境地，那麼就會有託付的問題產生。對於這樣的託付問題，我們一方面要相信自己所託適人，認為對方一定會善盡受託之責；一方面要採取合宜的做法，透過適當的措施讓親人知道我們的關懷之意。對於這樣的做法，我們簡單以幼兒託付為例。例如，我們可以藉由書信、圖像、聲音、影像等等方式留下自己對於親人的感受、看法與期許。在每年的親人生日時，經由受託者予以轉達，表示自己雖然已經不在人世，但是對於親人依舊擁有一份關懷之意。同時，也透過受託者轉達自己希望親人能有雙向溝通的心意，讓親人也有表達自己情意的機會。

附錄二　如何化解死後一無所有的困擾

一、前言

　　對臨終關懷與悲傷輔導而言，如何化解對死亡的恐懼與擔憂是一件很重要的事情。因為，一個人如果沒有辦法化解對死亡的恐懼與擔憂，那麼這個人想要獲得善終就會變得不可能，而臨終關懷與悲傷輔導的目的就在於協助臨終者獲得善終[1]。因此，一個人想要獲得真正的善終，那麼他就必須解決有關死亡恐懼與擔憂的問題。

　　不過，在面對死亡恐懼的時候，恐懼的原因有很多種，不見得每個人都一樣。雖然每個人的原因都不一樣，可是要解決問題的想法卻是一樣的。所以，當我們在面對死亡恐懼的時候就必須尋找出相關的原因，這時死亡的恐懼才有化解的可能[2]。其中，死後一無所有就是恐懼的原因之一[3]。面對這個原因，我們試著從各種不同的角度來化解問題，看哪一種方式才是較合適的？

　　在化解這個問題之前，我們先要回答為什麼死後一無所有會成為一個恐懼死亡的問題？對有些人而言，死後一無所有就一無所有，根本就沒什麼好怕的。對這種人，死後一無所有本來就不是問題。可是，不是所有人都這樣。實際上，有些人對於死後一無所有是很在意的。當他一想到死後一無所有，他就無法坦然接受死亡，甚至於因為

---

[1] 尉遲淦著（2013），《殯葬臨終關懷》（新北市：威仕曼文化事業股份有限公司），頁7-8。

[2] 尉遲淦著（2013），《殯葬臨終關懷》（新北市：威仕曼文化事業股份有限公司），頁130-131。

[3] 達照著（2013），《超越生死——佛教的臨終關懷與生死解脫》（臺北市：有鹿文化事業有限公司），頁131。

懼怕而逃避死亡。對這樣的人而言，死後一無所有的問題一定要妥善解決，否則他就沒有辦法坦然接受死亡。

那麼，為什麼有人會在意死後一無所有的問題，而有的人不會在意？難道這裡有什麼差別嗎？對不在意的人，死後一無所有不是他在意的問題。他之所以不在意，一般而言有兩種情況：一種是在意也沒有用，所以不用在意；一種是不需要在意，在意反而徒增困擾。

就第一種情況而言，這種人為什麼會不在意？這是因為他在意也沒有用。其實，理由很簡單，因為他什麼都沒有做，所以就沒有什麼東西是值得在意的。對他而言，這一生庸庸碌碌地過，過了好像跟沒過一樣。因此，生前既然沒有什麼值得在意的，死後變得一無所有也是理所當然。在這種情況下，你要他在意死後的一無所有，根本就是多此一舉。

除了在意也沒有用外，還有一種是在意反而徒增困擾。對這種人而言，他不是這一生過得太平凡，所以沒有什麼好在意的，相反地，他可能過得多采多姿，十分值得肯定。可是對他而言，這種肯定屬於生前的事情。如果死後還要在意這種肯定的事情，那麼將會對他的死亡帶來困擾。所以，在避免困擾的考慮下，他選擇放下一切，讓死後不再有任何牽掛[4]。

不過，上述這種情形也只是少數人，其實大多數的人都是在意的。他們之所以在意，是因為他們雖然不完全過得庸庸碌碌，但也不是完全過得多采多姿。相反地，他們過的是有點庸碌又有點多采多姿。對於庸庸碌碌，他們可以把這一部分留給生前，不去要求死後的繼續存在。但是，對於多采多姿，他們認為這部分是他們一生對自己的肯定，如果只把它們留在生前，那麼他們就會死得很不甘心，認為

---

[4] 索甲仁波切著，鄭振煌譯（2012），《西藏生死書》（臺北市：張老師文化事業股份有限公司），頁49。

自己好像沒有真正活過。因此，他們會希望這一部分在死後仍然還有，這樣就可以安心的離去，而不會認為自己死得一無所有。

　　既然那麼在意，也認為自己只有在肯定死後還在的情況下才能真正安然而逝，那麼他們要怎麼解決死後還在的問題？一般而言，在面對這個問題有不同的解決方法：第一種就是解消問題，讓這樣的問題不成為問題；第二種就是從現世的角度來解決問題，讓這樣的問題成為與個人死後無關的問題；第三種就是從死後的角度來解決問題，讓這樣的問題成為與個人死後有關的問題。以下，我們逐一探討。

二、問題可以解消嗎

　　一般而言，我們在處理問題時通常都會做正面的處理。之所以如此，是因為我們已經有了成見，認為如果問題不是真的問題，那麼這個問題就不會被提出來。現在，它已經被提出來了，就表示這是一個真的問題。既然是真的問題，自然我們就有解答的義務，不能任意放置在那邊不理。

　　可是，我們忘了一點就是，是否是真的問題其實是有前提的。如果我們在提出問題之初就針對問題做過進一步的省思，確認這是真的問題，那麼我們當然有好好回答的義務。但如果不是這樣，當初並沒有經過省思過程而只是單純的提出問題，那麼我們當然有責任做進一步的省思，確認這樣的提出有沒有問題。否則，只是針對問題就回答，那麼可能就會陷入徒勞無功的困境。所以，面對問題提出真假的省思是有其必要性的。

　　那麼，上述死後一無所有的問題是一個真的問題還是假的問題？對某些人而言，這個問題是真的。因為，他確實覺得這個問題很困擾他。如果這不是一個真的問題，那麼就不應該困擾他。就這一點來看，認為這是真的問題的人確實有他們自己的經驗依據。

　　不過，有的人不贊成這樣的看法。對他們而言，在他們的經驗

當中並不認為這樣的問題是個困擾，那麼對他們來說這個問題就不存在。因此，從經驗的角度來看，他們也有理由可以判斷說這是個假問題。也就是說，他們也有他們本身的經驗依據。

面對這樣的衝突，我們應該如何給予進一步的判斷？是認同這是真的問題的人，還是認同是假的問題的人？無論認同的是哪一個，我們都必須給予自認為合理的理由。倘若不是這樣，那麼這只是盲目的認同，而不是理性的認同。所以，接下來我們要處理的問題就變成我們要根據什麼理由來判斷上述兩種主張哪一種才是真的。

如果只從個人的經驗來看，我們很難判斷哪一種主張才是真的或是假的。因為，每一種主張都有他個人的經驗依據。因此，我們也很難判斷哪一種主張是對的或是錯的。那麼，如果我們要做出合理的判斷，就不能依據上述個人的經驗，否則，結果就容易陷入膠著而不能有任何確切的判斷。

既然如此，那麼我們就必須在個人經驗之外尋找新的依據。問題是，這個新的依據要到哪裡找？根據上述的探討知道，不同的人之所以有不同的判斷，是因為依據他們自己個人的經驗。依此，我們就發現經驗會是一個大家都可以接受的標準。因此，我們可以從經驗的角度出發。只是在尋找這個標準時，我們不再侷限於個人的經驗。因為，個人的經驗會受到個人主觀性的影響，無法成為每一個人都接受的普遍標準。

如果是這樣，那麼在個人主觀性之外是否還有普遍客觀的經驗存在？如果有，那麼我們就可以根據新的經驗作為標準，判斷上述兩種主張的對錯。如果沒有，那麼只好繼續努力再尋找新的標準。就我們所知，這樣的經驗是存在的，它就在我們的日常生活當中。例如一件事情是否客觀真實，就要看大家對於這件事的經驗是否普遍客觀。如果是，那麼這件事就是真的。如果不是，那就是假的。由此可知，經驗不只有個人的經驗，也有客觀普遍的經驗。

在確認客觀普遍的經驗是我們判斷上述兩種主張對錯的標準之後，我們進一步用這個標準來判斷。第一個要確認的是，是否所有的人對於死後是否一無所有的問題都會有感受？從經驗的角度來看，對於所有的人而言，只要他想到死亡的問題，他都會出現這樣的感受。如果沒有出現這樣的感受，那麼就表示他根本就沒想到死亡的問題。否則，他所出現的感受不是死後一無所有就是死後不是一無所有，不可能出現第三種情況。

這麼說來，死後是否一無所有是一個真的問題，不是一個假的問題。在此，第二個要確認的是，這不是我們所要的真，而是死後是否真的一無所有的真。如果是，那就表示死後真的一無所有。既然如此，那麼對於死亡的恐懼就是合理的，是有真實的理由作為依據。如果不是，那就表示死後一無所有是假的。既然是假的，那麼我們對於死亡的恐懼就是不合理的，只是一種錯誤認知的結果。

那麼要如何判斷死後是否真的一無所有呢？從經驗的角度來看，死亡是無法經驗的，唯一能夠經驗的就是活著，活著就能感受到我們的經驗。一旦死了，就什麼都感受不到，自然就不再有經驗。所以，能不能感受得到是能不能有經驗很重要的一個依據。依此，我們就要問我們對於死後的一切是否會有感受？如果有，那就表示我們有經驗。如果沒有，那就表示這樣的經驗不可能存在。

現在，問題就變成我們對於死後的一切是否有感受？一般而言，答案是否定的，因為死後不在我們生活的範圍內，只有在生活的範圍內我們才能夠有感受進而形成經驗。既然如此，那麼我們就不能對無法感受到的範圍進行經驗的判斷，只能說這樣的判斷超出我們的經驗範圍之外[5]。

---

[5] 尉遲淦著（2017），《殯葬生死觀》（新北市：揚智文化事業股份有限公司），頁81-82。

如果真是這樣，那就表示我們對於經驗範圍之外死後的一切是不能下經驗判斷的。不過，就算是這樣，也不表示我們就不能對這樣的經驗做判斷。那麼，我們的依據是什麼？主要在於判斷的重點不是放在死後一切的經驗上，而是放在生前的經驗上。死後一切的經驗我們當然不可能有，自然也就不能給予判斷，但對於生前的經驗，由於我們還活著，當然對這些經驗有判斷能力，能夠判斷這些經驗是否真實。

那麼，對於這些生前的經驗我們要怎麼判斷？在此，第三個要確認的是，既然是生前，那就表示與死亡有關的一切都還沒有發生。對於還沒有發生的事情，我們要從經驗的角度加以回應，那這樣的回應到底有沒有意義？如果有，那麼這樣的回應就是合理的。如果沒有，那麼就會變成是一種想像的回應，自然也就是多餘的。對於一個有理性的人而言，做出這樣的回應是不合理的。

舉一個例子說明。當死亡來臨前，死亡還沒有發生，我們就陷入死亡的恐懼之中，這時的恐懼到底是有經驗的依據，還是沒有經驗的依據？就我們所知，這樣的恐懼是沒有經驗的依據。因為，對於還沒有發生的死亡我們是不能有經驗的。既然沒有經驗，那怎麼還會有恐懼的反應，顯然這樣的反應是不合理的。因此，從經驗的角度我們就可以判斷死亡的恐懼與其說是依據經驗所產生的，倒不如說是來自想像的結果，是多餘的掛慮[6]。

除此之外，第四個要確認的是，在死亡發生時，我們還能不能有經驗？如果能，那麼自然會有反應出現。如果不能，那麼自認的反應就變成一種想像的反應，而不是真實的反應。所以，在死亡出現時我們的反應是經驗性的還是想像性的，需要進一步的分辨。

---

[6] 段德智著（1994），《死亡哲學》（新北市：洪葉文化事業有限公司），頁91-93。

　　就我們所知，當死亡出現時我們已經變成死人，死人對於存在的事物是不可能有感受與經驗的。如果有，那不是說他死後有知，而是他還沒有死。如果他真的死了，那麼他對事物的存在是不會有感受與經驗的。依此，當我們成為死人時我們就不用擔心死亡的事情，無論它是恐怖的或不恐怖的[7]。

　　經由上述的探討，對於死後是否一無所有的問題可以給予一個簡單的結論，就是從個人的經驗來說，這個問題因人而異，沒有所謂對錯可言。不過，從客觀普遍的經驗來說，這個問題就有幾種不同的答案。第一種，就是從死後的角度來看，在經驗無法驗證的情況下，這個問題缺乏確切的答案；第二種，就是從死亡尚未發生的角度來看，由於死亡尚未發生，所以不會有經驗，死亡的恐懼只是一種主觀的想像；第三種，就是從死亡已然發生的角度來看，人自然變成死人，在死人不會有經驗的情況下，死亡的恐懼是不存在的。由此可知，有關死後是否一無所有的問題，我們不是不能確定，就是想像太多，實在無法滿足經驗的要求。

三、現世記憶的解答

　　如果真是這樣，那就表示死後一無所有的問題只是一個假的問題，不值得做太多的探討。可是，這是最後的定論嗎？關於這點我們需要進一步的反省。正如上述所說，死後是否一無所有如果沒有經過理性的反省，那麼這樣的認同或反對都不能算是擁有合理的依據。同樣地，對於死後一無所有認為是個假問題的判斷，雖然已經有過經驗的探討，但這個經驗標準是否沒有問題，仍須進一步探討。否則，這樣的標準就不能被認為是一個具有充分理性依據的標準。

---

[7] 歐文·亞隆著，廖婉如譯（2009），《凝視太陽——面對死亡恐懼》（臺北市：心靈工坊文化事業股份有限公司），頁90-91。

那麼，客觀普遍的標準有沒有問題？表面看來似乎沒有問題。因為，在我們的日常生活當中確實應用這樣的標準。可是，應用歸應用，是否都是這樣應用其實也不見得。理由很清楚，因為上述的應用是空間的應用，而非時間的應用。實際上，我們在判斷事物時不只會用到空間的應用，也會用到時間的應用。所以，就這一點而言，這樣的應用是偏頗的。在這種偏頗的影響下，當然會認為死後一無所有是個假的問題。

如果我們不採取這種偏頗的看法，而把時間的應用也納入，就會發現上述的問題不一定就是假的問題，也可以是真的問題。例如我們本來認為死亡在尚未發生之前是不可能被經驗的，但在經驗的時間應用上，我們就會形成預期的心理，讓我們在死亡尚未發生前就產生了經驗的反應，在此影響之下，自然就會形成一種恐懼死亡的心理。根據這樣的理解，我們就不能說這樣的反應只是一種想像的反應，而確實是有經驗的依據。

在確認這樣的反應是有經驗的依據情況下，我們進一步要問的是，面對這樣的反應應該如何處理才有可能讓他安心？因為，如果無法讓他安心，那麼他就會受到影響，使得他沒有辦法好好過生活。對他而言，這種情況不是他要的。所以，站在解決問題的立場上，我們有責任協助他找到答案，這樣他才能過一個正常的生活。

那麼，我們要怎麼幫他找到答案？對於這個問題，我們一樣只能從經驗中去尋找。因為，我們所用的是經驗的標準，那麼找到的答案就必須符合經驗的要求。如果無法符合經驗的要求，那麼在違反經驗的原則下，這樣的答案是很難被接受的。如此一來，也就沒有辦法產生安頓人心的效果，自然無法成為我們所要的答案。

基於上述的考量，那這是一個怎麼樣的答案？對此，我們需要回到問題本身，即當事人所在意的是死後的一無所有。可是，正如上述所說，對於這樣的死後處境我們是不可能在生前給予一個保證，告訴

他死後一定還在，而只能告訴他站在經驗的立場上我們不知道。如果是這樣，那麼這樣的不知道是沒有辦法讓他安心的。相反地，他只能繼續活在死亡的恐懼之中而沒辦法獲得任何的改善。

如果我們不希望這樣，那麼就不能只停留在上述的不確定狀態下。相反地，我們應該給他一個可以安頓他的心的答案。那麼，這個積極正面的答案會是什麼呢？就我們所知，可以是現世人的記憶[8]。因為，現世人可以保證這樣的記憶是在經驗的範圍內，不會不被經驗到，那麼在我們死後也不用擔心會變成一無所有。實際上，可以在現世人的記憶中繼續存在，直到沒有人記得為止。

不過，我們也不用太過操心沒有人記得的情況。因為，在過去科學技術還不夠發達的時候，人的確會隨著記得的人的死去而消失無蹤影，就算有人設法把這樣的記憶以文字記載保存下來，這樣的保存總會隨著時間的演變而消失無蹤影。到那個時候，有機會被保存下來的畢竟還是只有少數。因此，在不希望變成一無所有的擔心下，這樣的情況是無法令當事人安心的。

隨著科學技術的進步，我們雖然不是什麼知名人士，也沒有太大的豐功偉業，但只要我們懂得善用這樣的技術，那麼這一生的經歷就都可以在這種技術的協助下獲得保存，使得後人只要進入這樣的影音記錄當中就可以記得我們，我們也可以因此不會變得一無所有。就是這種科學技術的進步，可以幫我們解決死後一無所有的困擾，令我們不再擔心。

經由上述的探討，我們發現記憶會是一個不錯的解決方案。因為，就像我們一般的經驗那樣，記憶會讓我們覺察曾經擁有的一切，在這樣的覺察中，我們確實存在過。現在，我們採用相同的策略，當

---

[8] 歐文・亞隆著，廖婉如譯（2009），《凝視太陽——面對死亡恐懼》（臺北市：心靈工坊文化事業股份有限公司），頁93-94。

死了以後，我們不用擔心會變得一無所有。只要現世的人還記得我們，就可以藉著他們的記憶繼續存活在世人心中，直到永遠。除非有一天人類陷入完全毀滅的狀態，那麼這時我們才會真的變成一無所有。否則，只要有人類繼續存在的一天，我們就可以活在世人的記憶當中，不用擔心變成一無所有。

四、死後存在的解答

這麼說來，這種訴諸現世記憶的答案就能夠令我們心安。從表面來看，答案似乎如此。是否真的如此，其實需要經過理性的反省。如果答案確實沒有問題，那麼這就是我們所要的答案。如果答案是有問題的，那麼這就不是我們所要的答案。因此，這是否就是我們所要的答案，就要看理性反省的結果。

正如上述，為了讓反省合乎理性，我們一樣要從標準的部分著手。因為，如果標準的部分可以合乎理性的要求，那就表示這個標準沒有問題。如果沒有辦法合乎理性的要求，那就表示這個標準是有問題的。這時，在理性的要求下，我們就必須尋找新的標準。所以，對於標準的確立其實是非常重要的。只要標準能夠確立，所獲得的答案自然也就沒有問題。

那麼，這個標準有沒有問題？就經驗而言，當然是沒有問題的。因為，記憶可以完全滿足經驗的要求。當然有人會質疑，如果都沒有人存在的時候，這時經驗還會有效嗎？在沒有人可以經驗的情況下，我們還能說記憶可以保證我們在死後不會一無所有嗎？表面看來，這樣的質疑是有道理的。的確，在沒有人經驗的情況下，這樣的保證可能會失去效用。不過，我們不要忘了，只要後來還有類似人的人出現，這樣的記憶還是可以有效的。這時，自然就會出現記憶的經驗來保證死後不會變成一無所有。依此，我們就從現實的經驗進入了可能

的經驗，表示可能的經驗也可以成為判斷的標準。

既然如此，這就表示把現實的經驗當成判斷的標準還不夠，我們還需要深入到可能的經驗當中，把可能的經驗當成判斷的標準。因為，對於現世人記憶的思考讓我們發現，只有現世人的記憶是不足以保證我們死後不會變成一無所有。真正能夠讓我們安心，能夠給予充分保證的，不是現世人的現實經驗，而是現世人的可能經驗。當這樣的經驗出現時，就算沒有人類存在，我們依舊可以安住於可能被記憶的經驗當中，而不用擔心死後的一無所有。

如果是這樣，那麼這樣的被記憶真的足以安頓我們的心？關於這一點，我們抱持的其實是懷疑的態度。因為，無論我們怎麼被記憶，都不是我們自己可以感受得到的。尤其是，當我們死了以後，我們不再擁有任何的經驗。在這種情況下，就算我們真的可以被記憶，這樣的記憶對我們而言也沒有意義。換句話說，這樣的被記憶只和他人有關，和不再能經驗的我無關。所以，是不是和我有關就變成一個很重要的分辨標準。

對於這一點，其實只要我們深入經驗本身就可以發現。實際上，當我們在經驗的時候，我們說的不是與我們無關的經驗，而是與我們有關的經驗。如果這個經驗與我們完全無關，那麼對我們就沒有意義，就算再怎麼真實，也和我們一點關係都沒有。因此，和我們有沒有關聯確實是很重要的事情。

在確立經驗者本身的重要性以後，我們就可以進一步探討要怎麼做才能從經驗者本身去安經驗者的心？根據上述的探討，用他人的記憶來解決我們對於死後變成一無所有的擔心是沒有用的，這是因為弄錯了重點，沒有把作為經驗者的當事人納進來，而只強調作為記憶者的他人。實際上，如果遺漏了作為經驗者的當事人，那麼就算解決方式有多完美，也都是不相干的。所以，把作為經驗者的當事人納進來是解決問題的關鍵。

　　那要怎麼做才能把當事人納進來？在此，最直接的方式就是從經驗者本身出發。對他而言，他最擔心的就是死後一無所有。那麼，只要讓他相信死後不會一無所有，他依舊可以擁有一切，那麼他就不會再擔心這個問題，這時，他就可以安心面對死亡，不再陷於死亡的恐懼之中。由此可見，最好的方式就是讓他相信並承認死後不會變成一無所有。

　　問題是，死後不要變成一無所有可能嗎？在經驗上，可以找到相關的依據嗎？的確，在面對這樣的質疑時，我們確實沒有辦法給一個定論。不過，不能給一個定論是一回事，能不能有相關的答案則是另外一回事。根據上述的探討，死後的存在與否在經驗上的確是沒有辦法獲得定論的，但它並不排斥死後存在的可能性。就是這樣的可能性，讓我們在回答死後是否一無所有的問題時可以給予一個否定的答案。因為，它畢竟也是一種可能性，屬於可能經驗的一種。基於這種可能性，作為經驗者的當事人在他死後一樣可以擁有生前有過的一切，不用擔心死後會變成一無所有[9]。

　　現在，我們進一步要回答的問題是，這樣的擁有是一種什麼方式的擁有？如果從上述的記憶來看，當然不是一種實質的擁有，就像生前對於一般事物的擁有那樣，而是一種精神性的擁有，讓這些曾經存在過的事物以一種記憶的方式繼續為我們所有。這麼一來，對於死後是否一無所有的問題，我們不但可以給一個否定的答案，認為死後不會一無所有，還可以說在可能經驗的情況下，這樣的擁有是一種屬於精神性的記憶擁有。

---

[9] 尉遲淦著（2017），《殯葬生死觀》（新北市：揚智文化事業股份有限公司），頁102、122、141、161。

五、結語

　　經過上述的探討，現在可以給一個簡單的結語。對我們而言，之所以探討死後是否一無所有的困擾，不是因爲我們自己的想像，而是基於某些人在面對死亡問題時會出現的困擾，如果沒有幫忙解決這個問題，那麼他們不僅沒辦法好好活著，也沒辦法安心死去。所以，站在臨終關懷與悲傷輔導的角度，我們必須幫這些人解決這樣的問題。

　　在解決的過程中，可以有不同的解決方式。例如解消問題的方式，從現世記憶解決問題的方式，從死後存在解決問題的方式。那麼，到底哪一種方式比較合適？首先，從解消問題的方式出發，解消問題固然可以幫我們從經驗的角度澄清一些問題，但這樣理解下的標準並沒有辦法幫我們安頓對死亡恐懼的心。因爲，經驗不只是當下的經驗，還包括對未來的預期，這樣的預期會讓我們對死亡心生恐懼。所以，如果要解決死後一無所有的問題，就不能只停留在當下經驗的處理中。

　　其次，爲了安當事人的心，不要讓他們對死亡繼續心生恐懼，那麼是否可以從現世的角度來解決問題？於是，就出現第二種解決方法，就是藉由現世的記憶來解決問題。表面看來，這樣的處理方式承認死後一無所有的擔心不是一種無謂的擔心，所以在處理上比較能針對不想一無所有的心理做處理。但是，由於記憶的是別人，與當事人無關，因此這種處理方式也不能眞的安當事人的心。因爲，無論別人怎麼記得，畢竟自己還是一無所有，對當事人而言，這是一種難以接受的結果。

　　如果從現世記憶來解決問題也不可行，那麼是否還有其他的方式呢？在此，從死後自己擁有的角度來解決問題就成爲另外一種可能的選擇。雖然我們無法證明死後的有或沒有，但是這種無法證明的可

能，就表示我們也可以承認死後的存在。換句話說，我們不再從現實的角度去處理這個問題，而是從可能的角度來處理問題。在肯定這種死後存在的可能性之後，就可以比較如實地安頓當事人的心。理由很簡單，因爲他在意他所失去的，而我們讓他知道這種擔心是可以解決的。如此一來，他就可以透過記憶而擁有他生前的一切。

經過上述的探討，我們知道在臨終關懷與悲傷輔導的領域內要解決死亡的恐懼與擔憂是可能的。其中，關鍵在於我們有沒有深入原因本身。如果沒有，那麼我們所提供的解決方法可能是不相應的。雖然這樣的解決方式可能比較符合時代的需求，但在不能解決個人問題的情況下，也不見得就比較合適幫我們解決問題。所以，在處理面對死亡的恐懼原因時，一樣要注意這樣的適切性。否則，只注意時代流行的角度，很難眞正安頓當事人對於死亡恐懼的心理。

附錄三　傳統禮俗角度下的生死圓滿

一、前言

　　過去，臺灣人在辦喪事時沒有不用傳統禮俗的。之所以用傳統禮俗來辦喪事，不是臺灣人不想用其他的方式，而是如果不用傳統禮俗來辦，那麼在社會的輿論下就會認為這樣的方式沒有善盡孝道。因此，沒有人敢違反這樣的規定。倘若有人甘冒大不韙，認為辦理親人的身後事何必一定要用到傳統禮俗，用其他的方式也沒有什麼不可以，那麼這個人在辦完喪事後就會受到社會排山倒海的批評，認為他是極其不孝順的。因此，在社會共同的壓力下，幾乎沒有例外地一定採用傳統禮俗來辦喪事[10]。

　　當然，我們的意思並不是說在傳統禮俗以外就沒有其他辦理喪事的方式。實際上，還是有許多不一樣的辦理方式。例如以純佛教徒而言，他們在辦喪事時就不會採用傳統禮俗，而會用佛教的方式辦理。同樣地，以基督徒而言，他們會用基督宗教的方式來辦理。伊斯蘭教徒就更不用說了，他們會以伊斯蘭教的方式來辦理親人後事。由此可知，除了用傳統禮俗之外，也可以用各自所屬的宗教來辦理。

　　話雖如此，對過去的臺灣人而言，依照傳統禮俗來為親人辦身後事還是佔最大宗，可謂是辦理身後事的主流。可是，受到西風東漸的影響，尤其滿清末年戰敗的結果，不僅在政治上備受西方列強的瓜分，幾乎淪為殖民地，就連文化上的自信心也在船堅砲利的逼迫下失去了自我應有的堅持與肯定，認為過去的傳統文化都是落伍的糟粕，

---

[10] 李民鋒總編輯（2014），《臺灣殯葬史》（臺北市：中華民國殯葬禮儀協會），頁194-195。

不值得保留，以至於對過去所採用的傳統禮俗也一樣採取批評的做法，認爲應當加以大力改革[11]，否則就無法接上西方辦喪事的主流。

在這種外力強力介入的情況下，現在的臺灣人在辦理喪事時就逐漸捨棄傳統禮俗，認爲這樣的做法是不合時宜的。雖然如此，在傳統孝道要求的壓力下，他們卻又不得不繼續採用傳統禮俗的做法。只是，所採取的態度和過去大不相同。過去採用傳統禮俗是爲了滿足爲人子女盡孝的需要，現在則只是爲了滿足社會的規定和要求[12]。這種認知的差距，傳統禮俗不再是協助家屬盡孝的方法，而變成只是一種滿足社會規定與要求不得不有的作爲。如此一來，有人就站在社會變遷的角度認爲傳統禮俗只是農業社會的產物，現在已然進入工商資訊社會的時代，這種不合時宜的作爲理當讓位於新的辦理喪事方式，摒棄不用。

二、傳統禮俗所要解決的問題

不過，在正式爲傳統禮俗定罪之前，我們需要先清楚知道傳統禮俗是否眞的如批評者所說那樣不合時宜？如果確實不合時宜，那麼讓傳統禮俗下架也是一件合理的事情。相反地，傳統禮俗仍然還有它存在的價值，那麼摒棄不用就不太公平，甚至於可能影響我們在辦理喪事時的權益[13]，這時，受損的就不只是傳統禮俗本身的存在權益，還包括辦理喪事時有關解決死亡問題所帶來的權益。

---

[11] 尉遲淦（2014），〈傳統殯葬禮俗如何因應現代社會的挑戰〉，第四屆海峽兩岸清明文化論壇（浙江奉化：上海市公共關係研究院、財團法人章亞若教育基金會主辦），頁143。

[12] 尉遲淦（2017），《殯葬生死觀》（新北市：揚智文化事業股份有限公司），頁26-27。

[13] 例如讓我們失去一種可能的選擇，對於與之相應的死亡問題就缺少一個解決的機會。對於我們的殯葬權益，這是不應該存在的損失。

傳統禮俗的存在到底合不合時宜？對於這個問題的回答，使我們更深入問題本身。對有的人而言，他們認為傳統禮俗只存在於農業社會，既然有農業社會的背景，就表示這樣的禮俗只是農業社會的產物。現在，時代改變了，已經來到工商資訊的社會。既然如此，這就表示過去農業社會所產生的傳統禮俗不再適用於工商資訊社會的現代。因此，在時代因素改變的情況下，對於不合時宜的傳統禮俗當然只能採取淘汰的做法。如果不這麼做，那麼在時代巨輪的推動下，傳統禮俗最終還是會遭受淘汰的命運[14]。

這麼說來，傳統禮俗與其在不知不覺當中被時代所拋棄，倒不如直接自我了斷還顯得乾脆一點。問題是，實情真的就是這樣嗎？難道沒有其他的可能性？為了回答這個問題，我們不能只停留在時代不同的理由上，而必須更深入問題的本身，從中發現更深層的理由，重新找出傳統禮俗過去存在的理由，再從這樣的理由當中判斷它是否值得繼續存在下去。判斷的結果如果不值得再繼續存在下去，那麼我們當然只能忍痛割愛。如果判斷的結果認為它還值得繼續存在，那麼我們也有責任說明這種繼續存在下去的理由。總之，不管結果如何，我們都必須有充分理由拒絕或接受傳統禮俗的存在。

對此，我們解決問題的策略很簡單。對我們而言，時代因素固然是一個很重要的理由，但卻不是最決定性的理由。因為，時代隨時在變，過去不合宜的，今日可以變得合宜；今日不合宜的，來日可以變得合宜。所以，從合不合乎時代要求的角度來看，這樣的要求不見得具有那麼大的決定性。如果我們希望找出比較具有決定性的理由，那麼就不能只由時代的因素來找，而必須深入本身的存在理由，看當

---

[14] 尉遲淦（2011），〈從悲傷輔導的角度省思傳統禮俗改革的方向〉，《中華禮儀》第二十四期（臺北市：中華民國殯葬禮儀協會），頁13。

時是如何存在的？是什麼樣的問題決定了它的存在[15]？如果這樣的問題不存在了，那麼作為解決這樣問題的存在自然就沒有繼續存在的必要。可是，如果情況不是這樣，當時需要解決的問題還繼續存在著，那麼解決問題方法的存在當然就有理由繼續存在下去。由此可知，作為讓傳統禮俗出現的問題決定著傳統禮俗是否能夠繼續存在的命運。

在回答這個問題之前，我們先看傳統禮俗出現的問題是什麼？它要解決的問題是什麼？如果要了解這個問題，那麼回到這個問題出現的過去是很重要的。對傳統禮俗而言，它出現的年代很早。至於早到什麼時候？有人可能會說，可以早到周公那個年代。不過，如果仔細追究起來，這個過去應該遠早於周公之前，也就是周朝以前的商朝，甚至於更早。受限於史料的闕如，我們也很難予以確切的斷定。但有一點是很清楚的，就是周公的制禮作樂不表示禮樂都是周公獨創的。更好的說，周公的制禮作樂是一種統整的結果。也就是說，當周公在制禮作樂時他不僅把當時各地不同的禮樂加以統整起來，還決定了這種禮樂的方向，使之成為今日所見傳統禮俗的方向[16]。

當然，我們也不能遺忘孔子的功勞。因為，周公雖然制禮作樂，但對於禮樂的基本精神他並沒有很清楚的加以提點，只是從具體的形式加以表達。對一個不明白禮樂精神的人而言，這樣的禮樂也只把它看成是一種社會規定的形式。如果我們不認為周公所做出來的禮樂不只是當時周朝的一種社會規定，而是具有規範人類生活的道德價值指引，那麼就必須有人加以提點，把這樣的精神明確地指示出來。唯有

---

[15] 尉遲淦（2018），〈從儒家觀點探討傳統殯葬禮俗如何適用於後現代社會的問題〉，《二十一世紀當代儒學論文集Ⅱ：儒學的全球在地化與當代文明》（桃園市中壢區：國立中央大學儒學研究中心），頁442。

[16] 尉遲淦（2018），〈從儒家觀點探討傳統殯葬禮俗如何適用於後現代社會的問題〉，《二十一世紀當代儒學論文集Ⅱ：儒學的全球在地化與當代文明》（桃園市中壢區：國立中央大學儒學研究中心），頁448。

如此，我們才能清楚知道這樣的禮樂不只是形式上的，還具有道德實質意義的禮樂。對於這樣的提點功勞，甚至於說是定性的功勞，我們認爲這都非孔子莫屬[17]。難怪到了孟子的時代，他才會說出「天不生仲尼，萬古如長夜」的千古名言！

如果傳統禮俗不只是一種社會規定，而是一種道德價值，那麼要怎樣理解才能從傳統禮俗中得出這樣的結論？一般而言，可以有兩種不同的處理方式：一種就是由上而下的方式；一種就是由下而上的方式。就第一種方式而言，我們可以先假定傳統禮俗是來自於某種思想的具體化。因此，我們只要找出這樣的思想，然後再加以解釋與推演，那麼就可以找到傳統禮俗的合理性。表面看來，這樣的解釋方法似乎是一種不錯的選擇。因爲，它可以合理地交代傳統禮俗的存在價值。

可是，這樣的解釋方式也有一個很嚴重的缺點，那就是所有的推論要合法就必須是由前提推出結論，而不能先有結論再去找前提。如果先有結論再去找前提，那麼前提不見得就只有一個，也可以是其他[18]。既然如此，那麼我們又怎麼能確認這樣的前提就一定是這個結論的前提，而不是其他結論的前提？如果我們不希望結果是這樣，那麼在尋找傳統禮俗存在價值的合理性時就不能採取這樣的進路，只能選擇其他的方法進路。

那麼，我們不能採取由上而下的方式，那麼還有什麼其他進路可

---

[17] 尉遲淦（2013），〈從儒家觀點省思殯葬禮俗的重生問題〉。儒學的當代發展與未來前瞻——第十屆當代新儒學國際學術會議（深圳市：深圳大學主辦），頁965-966。

[18] 對於這個案例的最佳例子就是儒家有兩個系統：一個是孟子的系統，一個是荀子的系統。從這兩個系統來看，我們都可以合理交代傳統禮俗的存在價值。可是，就前者而言，這樣的交代就可以從現世的人倫通向永恆的天倫。但是，如果是後者，那麼人倫就只能是人倫，它永遠與天倫無關。

以採用？從上述探討可知，還有第二種進路可用，就是由下而上的方式。也就是說，當我們要找出傳統禮俗所要解決的問題時，不是從傳統禮俗以外去找出相關問題，然後再說明傳統禮俗為什麼會以這種方式存在；而是直接從傳統禮俗本身著手，看這樣的設計內容到底潛藏著什麼樣的問題，最後再總結出傳統禮俗主要要解決的問題。經由這種由下而上的方式，所找到的就一定是傳統禮俗本來要處理的問題，絕不會成為外來思想強加的問題。

以下，我們從傳統禮俗本身的內容直接著手探討。就傳統禮俗而言，它在處理死亡的問題時，不是像今天我們在殯葬業者的操作過程中所見到的那樣，彷彿死亡只是事件發生之後的結果。實際上，在死亡發生之前傳統禮俗就介入了，直到死亡整個處理完畢它才結束。不過，這種從介入到結束並不是線性的處理方式，而是循環的處理方式。所以，它才有從臨終、初終、殮、殯、葬與祭等六個階段的分別。只是這些不同的階段不是單獨存在的處理，而是環環相扣地把整個生死看成一個整體，無始無終地永續循環。因此，當我們在處理死亡之後，傳統禮俗才會用生死兩相安來形容這樣處理的結果，也就是我們在論文的標題處所以用生死圓滿來形容的理由所在。

現在，我們先從臨終的部分來看。對傳統禮俗而言，臨終不是沒有意義的，純粹只是一種時間或階段的表示。相反地，臨終表示面對死亡問題的開始。當死亡來臨時，它所針對的對象不只是臨終者，也是家屬。因為，在這個過程中，它是有任務要完成的。如果沒有任務要完成，那麼傳統禮俗就不需要進行搬舖儀式。當它開始安排這個儀式時，它要求臨終者不能在睡覺的地方臨終，而只能在正廳的水床上臨終。為什麼要這樣要求？這是因為只有在正廳才有祖先的存在。同時，它還要求家屬必須和臨終者見最後一面。因為，臨終者這時要和家屬交代遺言。當臨終者、家屬與祖先三位一體以後，臨終者會說出與傳家任務有關的遺言。在這種場合當中，除了臨終者用交代遺言的

行動來證明自己確實已經完成傳家任務外，家屬也擔任承諾的角色，表示願意傳承這個家，而祖先則是最高的見證者與監督者，監督此一承諾兌現的狀況。從這一點來看，傳家任務顯然是臨終者最在意的死亡問題[19]。

在傳家任務交代完畢之後，整個任務不就已然完成。事實上，這個任務是否完成還要看後續家屬的行動表示。對臨終者而言，他的任務就是傳家的仲介者。一旦完成了任務，在傳統禮俗上我們就會給他一個評價，認為他已獲得善終[20]。但是，這樣的善終不是全然圓滿的善終，而只是圓滿善終的開始。在臨終者死亡以後，臨終者的善終是否得以圓滿完成就要看家屬的後續表現。所以，在殮、殯、葬的階段，家屬要不斷透過行動來表示他們對臨終者傳家承諾的兌現。在此，傳統禮俗就藉著一些儀式來兌現這些傳家的承諾，例如手尾錢、點主、封釘、返主的儀式等等。

到了祭，整個傳統禮俗進入最後的階段。對家屬而言，這也是傳家任務實踐的最高峰。當家屬透過返主儀式把亡者的神主牌位迎回家中時，他們不只是把祂迎回家中單獨供奉，而是要藉著合爐儀式把亡者與歷代祖先結合在一起成為歷代祖先，從此以後朝夕祭拜，表示生者與亡者雖然身處兩個不同的世界，一個在人世間，一個在超世間，但這兩個異世界的存在卻可以透過祭祀過程，陰陽相通成為一體的存在。至此，人間因為死亡所帶來的人倫斷絕，終因傳統禮俗的解決方法使之重新恢復連結，成為永續存在的天倫。就這一點而言，這樣的

---

[19] 尉遲淦（2009），《殯葬臨終關懷》（新北市：威仕曼文化事業股份有限公司），頁104-110。

[20] 一般我們會認為一個臨終者只要壽終正寢，那麼他就代表已經獲得善終。但是，我們的理解不一樣。對我們而言，與其說這是善終的完成，倒不如說是善終的開始。至於它的完成，就必須等到祭的階段。唯有家屬持續不斷地祭祀下去，那麼我們才能說整個善終才算徹底完成。

生死處理最終目的就在於化解死亡所產生的家庭親情斷裂問題[21]。

三、時代變遷所帶來的挑戰

　　根據上述所言，我們已經很明確地知道傳統禮俗確實有它要處理的問題。本來，在過去那個年代是個大家都認為必須要處理的問題。對他們而言，如果這個問題得到好好的處理，那麼他們不僅可以安心地獲得善終，也可以讓家屬安心繼續活在一個沒有亡者的世間。因為，家屬與亡者的關係並沒有斷裂，他們依舊像過往那樣心靈相通，不用擔心死亡所帶來的陰陽阻隔。可是，如果這個問題沒有處理好，那麼他們不僅在死亡時無法獲得善終，家屬在未來沒有亡者的世間也會過得孤苦無依。所以，對於這個問題的處理成為過去的人的共識，認為這是大家能不能善渡死亡幽谷很重要的一個關鍵。

　　可是，隨著時代的變遷，自農業社會逐漸步入工商資訊社會以後，在西方船堅砲利的挑戰下，我們失去了固有的中國人信心，認為自己一切都不如西方，甚至連文化也是落伍的。如果我們希望能夠好好改善自己的處境，那麼追隨西方是一種不得不做的選擇。在這種全盤西化的思考下，傳統的殯葬處理做法開始遭受挑戰，認為這樣的處理是落伍不合時宜的，也是不環保與迷信的，需要徹底的改變。如此一來，我們在死亡處理上才能死得很現代，也才能死得有尊嚴。否則，只是繼續沿用過去的傳統禮俗來處理喪葬事宜，那麼不僅不能死得有品質，也會死得沒有尊嚴。就是這樣的想法，讓身處臺灣的我們開始認為傳統禮俗不再是善盡個人孝道的表現，而只是一種單純的社會形式規定[22]。

---

[21] 尉遲淦（2017），《殯葬生死觀》（新北市：揚智文化事業股份有限公司），頁155-156。
[22] 例如從民國初年開始盛行的簡化做法就是一個最佳例子，它認為經驗與效率永

　　既然傳統禮俗只是一種社會形式的規定，那麼隨著時代的變遷、社會的改變，自然會興起一種新的想法，就是讓舊時代的人使用舊的傳統禮俗，而新時代的人就可以使用客製化的方式達到自己所需的處理。根據這樣的趨勢，我們才會說這個時代的殯葬處理不再有一定的規矩，只要是亡者或家屬願意用什麼方式處理，我們都應該予以尊重與配合。如果我們沒有這樣做，那麼在時代所要求的個人殯葬自主權上我們就違反了時代的要求，也嚴重侵犯了他們應有的殯葬權益，使他們失去圓滿生死的機會[23]。

　　問題是，這是全部的真相嗎？的確，對一個不想要傳家的人而言，無論他是亡者本身還是家屬，傳統禮俗真的和他們對於殯葬的需求完全不搭。對於一個完全不搭的做法，如果勉強去配合，那麼配合的結果只會傷害自己的殯葬權益，甚至是生死圓滿的機會。如果不希望這樣，那麼在殯葬處理的方法選擇上當然就不能考慮傳統禮俗。就算社會上還流行著這樣的做法，嚴格說來，也不應該影響到我們自己的選擇。因為，所謂流行只是一種人云亦云的做法，不見得真的符合自己的需要，也不能滿足自己對於生死圓滿的祈求。對我們而言，與其配合社會的流行規定，倒不如回歸自己的殯葬需求，畢竟死亡只有一次，傷害卻是永遠的。

　　這麼說來，傳統禮俗是否真如過去所批評的那樣只是一種過時的處置方式，根本就不能符合現代的要求？對於這個問題，如果我們只是簡單地給予一個答案而不加以解釋，那麼這個答案未必就值得信賴。如果我們認為問題遠比表面看到的更加複雜，那麼這種解釋就有必要。因為，對現代人而言，資訊透明是一個很重要的要求，所有的

　　遠都是殯葬處理的最佳典範，從來都沒有想到傳統禮俗在問題的解決上還有實質的效用。

[23] 尉遲淦（2018），〈殯葬自主、客製化與個性化──幾個殯葬觀念的澄清〉，《中華禮儀》第三十八期（臺北市：中華民國殯葬禮儀協會），頁45。

選擇都必須在資訊透明的情況下進行。如此一來，我們也才有資格說這樣的選擇是理性的，是可以滿足我們圓滿生死要求的一種選擇，而不是一種人云亦云的盲目選擇。

那麼，傳統禮俗是否真的已經不合時宜到不得不淘汰的地步？對於這個問題的思考讓我們更深入人性本身的需求。對過去的人而言，由於生存環境大致相同，擔心的問題也大同小異，尤其是面對死亡的威脅時更遭遇類似的困境。基於這樣的背景，當他們在思索問題時就會有類似的答案，認為人一生當中最重要的經驗就是家庭的經驗，親人之間的情感更是他們生存的動力來源，也是他們得以安心在社會行走的依據。一旦遭遇死亡的挑戰時，他們唯一會想到的就是過往的家庭經驗，認為只要延續這樣的經驗，那麼他們在面對死亡時就無須懼怕。因為，過往的經驗可以保證他們生存無憂，當然在遭遇死亡的挑戰時也可以保證他們安然過關。既然如此，那麼又何必捨近求遠，去求一些沒有經驗驗證的方法，而不去求既有經驗驗證的傳統禮俗。

當然，這麼說的意思不是說今天一樣要比照辦理，畢竟時代已經不一樣，時代價值的流行也已然改變，現代人不再認為追隨社會大眾的腳步就是對的，相反地，他們要求的是實現自我。如果一個人一生當中什麼都沒有自我做主，只是一昧地追隨社會流行的腳步，那麼我們就會認為這個人活得很沒有自己，更不用說他的個人尊嚴了。可是，要他做一個有自我主張的人，這不表示他就不可以很傳統。實際上，一個人傳統不傳統，決定因素不在他是否選擇傳統，而在於他是否堅持自我主張還是人云亦云。如果他是人云亦云，那麼就算他選擇的有多特別，也不能凸顯什麼，更不要說實現個人的尊嚴。但如果他不是這樣，而是有自己的主張，那麼就算這樣的主張再傳統，都能凸顯他的特別性，更不用說他的個人尊嚴了。所以，一個人有沒有個人尊嚴，是否能夠圓滿自己的生死，關鍵就在於他的選擇是人云亦云還

是自我主張[24]。

　　既然如此，那麼傳統禮俗是否就可以成為我們今天處理喪事的一個參考依據呢？對我們而言，這個答案是肯定的。之所以這麼說，不是因為我們主張復古，而是因為我們依據的是個人對於死亡的需求。對他而言，一個人在面對死亡時他在意的問題是什麼，只要把他在意的問題解決了，那麼就不用擔心死亡會為他帶來困擾。因為，困擾他的問題已然不在，他就可以安心逝去，不用再擔心這些問題是否會干擾他的死亡，使他死得不安心。同樣地，因為他死得安心，相對地，家屬也會因著他的安心而放下心來，認為自己的進一步擔心是會影響到亡者的離去。既然亡者都已安心，那麼身為家屬的我們在盡孝心的同時就更不應該不安心，以免造成亡者離去時不必要的困擾。

　　如果上述所說確有道理，那麼時至今日傳統禮俗自然還有它的存在價值。雖然它不能再像過去那樣一統天下，但現在它確實還是有些人的最佳選擇。對這些人而言，時代的變遷只是增加選擇的機會，讓我們身處在一個多元的社會當中。可是，這樣多元的選擇機會只是增加選擇的可能，強化選擇的理性，並不是要我們放棄傳統禮俗。決定我們要不要放棄傳統禮俗的，不是時代的因素，而是我們自己的死亡需求。只要有人繼續肯定家庭經驗對他們生存的重要性，那麼在遭遇死亡的挑戰時，這樣的經驗就會成為他們通過死亡幽谷的憑據，讓他們從人倫的關係轉化成天倫的關係。

四、傳統禮俗角度下的生死如何圓滿

　　從上述的探討來看，傳統禮俗確實有它存在的價值，雖然時代變遷帶來了多元選擇，但只要家庭關係仍是一些人的存在重點，那麼傳

---

[24] 尉遲淦（2018），〈殯葬自主、客製化與個性化——幾個殯葬觀念的澄清〉，《中華禮儀》第三十八期（臺北市：中華民國殯葬禮儀協會），頁44-45。

統禮俗要從人間消失將不可能。只是在這樣的選擇中，我們要注意的是，這樣的選擇是否可以幫我們圓滿解決問題？如果不可以，那麼就要考慮這樣的選擇是否還有必要。如果可以，那就證明我們的選擇是正確的。既然是正確的，我們就可以安心地把我們與親人的生死託付給這樣的傳統禮俗，讓它幫我們圓滿和親人的生死關係。由此可知，傳統禮俗是否值得存在，不僅要看它有沒有繼續存在的價值，還要看它是否足以圓滿我們的生死。

那麼，傳統禮俗要如何圓滿我們的生死？根據上述的探討，如何化解生死所產生的親情斷裂問題是個關鍵。如果可以順利化解這個問題，那麼死亡所產生的困擾就可以獲得化解。如果無法順利化解，那麼死亡所產生的困擾就會繼續困擾著生者與亡者。因此，如何使親情斷裂問題可以順利的化解，事關死亡問題能否確實解決的關鍵。問題是，死亡困擾要如何化解才能使斷裂的親情得以重新恢復？

在此，我們要回來檢討傳統禮俗解決問題的方法。對傳統禮俗而言，臨終的搬舖就是解決問題的第一個作為。如果臨終者在臨終時沒有從臥室移舖到正廳的水床上，之後沒有與家人見最後一面，沒有交代遺言，那麼這個傳家任務就沒有完成的可能。當然，臨終者之所以要做這些作為，其實最為關鍵的並不是所謂的傳家，而是藉著傳家把即將因著死亡所產生的親情斷裂問題加以化解。所以，在完成傳家的任務過程中，為什麼要把臨終者、家屬和祖先放在同一個空間，讓他們彼此之間藉著傳家任務的完成而變成一體，最主要的理由就在於這樣的一體可以使得彼此的血脈呈現縱貫式的聯繫，不會因著死亡的出現而斷絕。

可是，這種生者與生者之間所產生的時間片段中的承諾，並不能保證這樣的血脈相連就可以如實地持續下去，還需要進一步的行動實踐來兌現。因此，在傳統禮俗處理的第二階段，它就要透過殮、殯、葬的處理程序檢證這樣的持續是否如實。如果家屬在這個過程中確實

善盡孝道，心中隨時存念著逝去的長輩，那麼這樣的持續就得到進一步的行動證實。倘若不是如此，那麼在殮、殯、葬的過程中家屬就不會盡心盡力地善盡孝道，這時這樣的持續就會遭受中斷，血脈相連的願望就會遭到否定，對亡者而言，表示他生前的善盡家庭本分做得不夠確實才會遭致如此的下場，否則，他的家屬是不會有這樣的表現的。

最後，當整個喪事進行到祭的時候，返主儀式是一個很重要的關鍵。因為，它是對於整個傳承任務的最後考驗。如果他們有心實踐這樣的傳承任務，希望延續他們和亡者之間的親情關係，那麼他們就會透過返主儀式把亡者的神主牌位迎回家中與祖先合爐。如果不是這樣，那麼他們在葬完遺體或火化進塔以後，不是把亡者的神主牌位直接化掉，就是把它放在寺廟或塔裡祭祀。對亡者而言，這樣的作為無形中就斬斷了彼此的親情關係。從此以後，生者與亡者如果想要相通，那麼只有在特殊節日才有可能。對傳統禮俗而言，這樣的生死關係都是不圓滿的。

如果真要圓滿生者與亡者的生死關係，除了要實踐上述對於傳家任務的承諾以外，還要真誠連結彼此的心，讓這樣的心持續保持暢通。如果不是這樣，那麼生死要相通，生者與亡者要常常連結在一起就不可能。也就是說，亡者不是一個與這個家無關的死後存在，而是作為這個家的一分子的祖先存在。同時，當亡者以祖先的身分存在時，家屬是以後代的身分存在著，而不是以一個與這個家無關的身分存在著。唯有在祖先與後代的關係下，這個家一方面可以綿延不絕地傳承下去，一方面可以在祖先與後代溝通不斷的情況下時時共存在一起。對傳統禮俗而言，這就是一個生死圓滿的情境。因為，無論是生者還是亡者，他們一方面生存在時間當中，一方面卻又在時間當中

與永恆連結在一起，過著當下即是永恆的存在生活[25]。對傳統禮俗而言，這種經由親情鍛鍊所成就的道德關係，才是圓滿生死的最佳範例之一，表示圓滿生死的途徑可以有很多種，選擇道德作為圓滿生死的一種方法也是可行中的一種。其中，最主要的關鍵就在於個人所在意的生死問題什麼才是關鍵的問題。對此，我們需要慎重考慮再做最後的決定，而不要只是考慮外在與表面的呈現，最終耽擱了自己生死圓滿的最後機會[26]。

五、結語

行文至此，我們又該到了最後結語的部分。對我們而言，人的死亡雖然只是一個事實，但這不只是一個事實，實際上它是一個問題。如果不是解決問題的需要，說真的，人的殯葬處理很容易就被誤認為只是一種本能的反應。如果它只是一種本能反應，那麼人和其他動物對於死亡的反應就沒有什麼不同。不過，幸好的是，人的殯葬處理是有意義的。他之所以這樣處理，不是因為本能的緣故，也不是因為他只是把它看成是一個事實，而是把它看成一個需要解決的問題。因為，對他而言，不是只要接受死亡就夠了，它還代表人可以成就的價值。當人成就了這樣的價值，那麼死亡就不代表只是一種生命的結束，而是一種生命的完成，表示人因著死亡而有了永恆的可能。

在此，本論文就以傳統禮俗作為一個例子，看傳統禮俗可以成就的生死是一種怎麼樣的生死？這樣的生死是否具有圓滿的可能性？根據上述的探討，我們發現傳統禮俗不只是一種過去傳統的規定，也不是一種單純的社會規定，彷彿只要時代改變了，社會型態改變了，

---

[25] 這是藉由存在主義的說法來凸顯每一個片刻的道德永恆意義與價值。
[26] 對於這一個問題的思考，就考驗著我們對於自己的生死需求是否如實認知。如果是，那麼要圓滿自己的生死就有可能。否則，根本就是緣木求魚的事情。

這樣的存在就必須走進歷史，讓位於更新的殯葬處理方法。實際上，根據我們的反省，發現傳統禮俗雖然發跡於農業社會的土壤，但它的價值遠超過農業社會可以提供的。對它而言，無論時代與社會怎麼變遷，關鍵不在於最新流行的時代價值是什麼，而在於人對於死亡的需求。只要他所需求的是家庭關係，是親情的存在，當死亡來臨時他的心靈深深受到這種需求的撼動，那麼傳統禮俗就不會消失。因為，在所有的殯葬處理方法中，從來沒有一個方法能比傳統禮俗更能化解親情斷裂所產生的困擾與傷痛。當然，在這裡所說的也不全然只是一種傳統的維護，我們也確實了解時代與社會變遷所帶來形式上的轉變。不過，無論表現的形式再怎麼轉變，本質才是最關鍵的。只要本質繼續存在，那麼無論用什麼形式來表達都可以，關鍵就在於哪一種表達形式才能為我們所接納，才能化解我們所在意的親情斷裂問題，甚至於是圓滿我們的生死。

生命關懷事業叢書

悲傷輔導研習手冊

作　　　者／尉遲淦、邱達能、鄧明宇
出　版　者／揚智文化事業股份有限公司
發　行　人／葉忠賢
總　編　輯／閻富萍
地　　　址／新北市深坑區北深路三段 258 號 8 樓
電　　　話／(02)8662-6826
傳　　　真／(02)2664-7633
網　　　址／http://www.ycrc.com.tw
　E-mail　／service@ycrc.com.tw
　I S B N　／978-986-298-355-3
初版一刷／2020 年 11 月
定　　　價／新台幣 300 元

國家圖書館出版品預行編目（CIP）資料

悲傷輔導研習手冊/尉遲淦, 邱達能, 鄧明宇
著. - 初版. -- 新北市：揚智文化事業股份
有限公司, 2020.11
　　面；　公分. --（生命關懷事業叢書）

ISBN 978-986-298-355-3（平裝）

1.心理治療　2.心理輔導　3.悲傷

178.8　　　　　　　　　　　109018239